कुछ सँपने कुछ हकीकत

R.R.K.M

शु श्री शैलजा

BlueRose Publishers
New Delhi • London

First Published in November 2021

ISBN: 978-93-5472-716-0

BLUEROSE PUBLISHERS
www.bluerosepublishers.com
info@bluerosepublishers.com
+91 8882 898 898

Cover Design:
Aveek
Distributed by: BlueRose, Amazon, Flipkart

कवि और कवित्री बनने की चाहतहर कविता हर किसी को किसी चीजों में मिल जाती है। जैसे- खामोशी,अंधकार मुझे मेरी कविता मेरे पूज्य पिता जी से मिली, उनका नाम(राजीव रंजन कुमार) वो कोई कवि नही थे, पर उनका हर आवाज कवियों से मेल खाते थे। उनकी चाहत कवि बनने कि थी, लेकिन अफसोस वो सपने उनके अधुरे रह गये। अतः ये बात मुझे 16 वर्ष में पता चली, उनके हर बात मै उनकी डायरी(कॉपी) से पढ़ी। दो-चार कविता उनका लिखा हुआ पढ़ी।

भँवरों के लवो पर फरियादे
कलियों के लवों पर मुस्कानें
भँवरें का कलेजा कलियों ने हाय
किसने छुपा कर रख दिया
......(किसने....किस्मत ने)......
जिस दर्द से दुनिया डरती है
जिस गम से किनारा करती है
तेरी नजर ने मेरे सीने में
वो दर्द छुपा कर रख दिया
......(किसने.....किस्मत ने)......
जब दिल मे तुम्हें वसाया था

आशा का दीप जलाया था
तकदीर के एक ही झोंके में
वो दीप बुंझा के रख दिया
......(किसने.....किस्मत ने)......
इस लिए तब से मेरी हर कविता उनके नाम पे ही
रही।उनका हर सपना मेरी प्रेरणा, प्रार्थना व पूजा
बन गई।
जैसे-"मंदिर पुजारी के बिना अधुरा
फूल खुश्बू के बिना अधुरा
घर एक परिवार के बिना अधुरा
वैसे ही मेरी कविता उनके
(मेरे पिता जी) बिना अधुरा"
मेरी सुबह व शाम उसी उम्मीदों से होने लगी ,
आज न तो कल मेरे सपने पूरे होंगे। फिर क्या मैने
ये संकल्प किया।"
जब तक हूँ तब तक कोशिश करूँगा, वादा है मेरा
एक सुबह नई किरणों के साथ जागुँगा"।
मेरे पिता जी कहा करते थे।
" उम्मीद की किरण कभी नहीं डुबती
जीतने वालो की हार नही होती
हो विश्वास अगर खुद में
तो मंजिल हर राह पे खड़ी मिलती"
यही सोच कर मै आज भी गर्व से कहती।

" कितनी भी मुसीबत आए

हवा की तरह डट कर खड़े रहना

कोई लाख बुरा कहें

फूलो की तरह मुस्कुराते रहना

ये जीवन तो पल-भर का है

हो कभी अकेले में भी तो

खुदा से ही बात कर लेना"

आगे अपनी व्याख्या क्या करू मेरी जीवन तो पुज्य

पिता जी से थी, है और रहेगी।

अतः आखिरी दो शब्द कहना चाहूँगी।

" जीवन जीने के लिए खुशी या गम की जरूरत

पड़ती , मेरे प्यारे दोस्तो मेरे हर कविताओं को पढ़ने

के लिए आपकी मुस्कान की जरूरत पड़ती"

मुझे आशा है कि मेरी काव्य रचनाओं को एक

स्थान पर देख कर प्रेमी पाठक प्रसन्न होंगे। इधर-

उधर बिखड़े पन्ने कविताओ को समेटकर एकत्रित

करने का स्वरूप देंगे,उन सभी के प्रति मै आभार

प्रकट करती रहूँगी।

(शु श्री शैलजा)

1.
(पापा की लाडली)

पापा की लाडली आज हो चली पराई

जिस आँगन में खेली आज वो हुई विदाई,

न जाने क्यो वो नये नाता जोड़ चली

अपने बचपन की सखी-सहेली को छोड़ चली,

पापा की लाडली आज हो चली पराई.!

अजीब हो गई वो कहानी

अपनी हर बात हो गई पराई,

नन्ही सी पापा की परी

आज छोड़ गई हर गाँव की गली,

न जाने वो बचपन कैसी बीती

जो आज हो गई सपने की रीति,

हर खेल खिलौनो से आज हो गई मेरी जुदाई

मै पापा की लाडली आज हो गई सब से विदाई,

रो-रो के कहती आँखे मेरी

सिसक रही है लवो की सिसकी

याद आती बहन-भाई की लड़ाई

जिनसे हो गई पराई।

पापा की लाडली आज हो गई पराई

सारे सपने टुट गये आज सब से हो गई रूसवाई,

पापा की लाडली आज हो चली पराई..!!

****

2.

ना जाने मेरी मंजिल कहा है।

ना जाने वो वक्त कहा है।।

बहुत मेहनत करना है मुझे।
उस ऊँचाई तक पहुँचने में।।

ना जाने वो ऊँचाई कहाँ है।
ना जाने वो सफर कहाँ है।।

अजीब डर से गुजरना है।
अजीब मुश्किलो का सामना करना है।।

ना जाने वो खुशी कहाँ है।
ना जाने वो पल कहाँ है।।

ना जाने मेरी मंजिल कहा है।
ना जाने वो वक्त कहा है।।

जब भी देखता हूँ पलट कर ।
तो डर जाता हूँ अपने अतित से।।

जब भी ढुढ़ता हूँ रोशनी।
गिर जाता हूँ अँधेरों से ठोकर खा कर।।

ना जाने वो रोशनी कहाँ है।
ना जाने वो सफर कहाँ है।।

ना जाने मेरी मंजिल कहा है।
ना जाने वो वक्त कहा है।।

****

3.

खून क्यूँ सफेद हो गया ।

अपना हर रिश्ता क्यो भेद-भाव मे बदल गया ।।

बट गए हर लोग अपने आप से ।

क्यूँ इतना स्वभाव मे अंतर आ गया ।।

न जाने अब क्या होगा ।

किस्मत खून को कैसे - कैसे रंगो मे बदलेगा ।

क्यूँ सब अपनी ही छाया से डर गया ।

आग के झोके से बच के खुद अपने-अपने मे जल
गया ।

ये कैसी तुफान है ,जो ये खून के रंग को बदल
गया।

खून क्यूँ सफेद हो गया ।।।

खत्म हो गये यहाँ सबको विश्वास सबसे

चुर हो गये सपने सबके

क्यूँ ऐसा सफर आ गया

कदम मिलाकर चलना मुश्किल हो गया

खून क्यूँ सफेद हो गया ।।।।।।

****

4.

जमीन जल चुकी है,आसमान बाकी है।

सूखे कुऐं अब तेरा इन्तहान बाकी है।।

ऐ बादल तु बरसना जरूर समय पर,

किसी का मकान गिरवी तो किसी

का लगान बाकी है।।

कुछ नही छुपा है तुझसे ,

तुझपे ही अब निर्भर है।

बुंदे लाना थोड़ा समय पर,

यही तुझसे विनती है।।

अगर टुट गई ऐ विश्वास तो,

अन्य-पानी हम सबका मुश्किल है।

है अब इतनी सी पुकार,

लाखो बच्चे,गरीब-अमीर के भुखे है।।

न देखा भूखमरी की नौवत,

मर जाऐंगे बिना खाऐ प्यासे।

बहुत हिम्मत मेहनत कि है खेतो पे,

जल जाऐंगे सारे उपज तेरी इस आन से,

ऐ बादल थोड़ा-थोड़ा बरसा कर,

फिर खिल जाऐंगे मेरे फूल पत्ती खुशियों से।।

****

5.

(फिर दिन गुजर गया)

फिर दिन गुजर गया फिर रात आ गया।

फिर अचानक उसका याद आ गया।।

कितने वर्षो बीत गये थे जो कहानी।

फिर वो कहानी किसी ने सुना गया।।

फिर दिन गुजर गया फिर रात आ गया।

अजीब बात है दिल ने फिर से पुकारा।

फिर वही बात निकल आया।।

जो अंजान हो गये थे मेरे लिए।

आज फिर वो एक पहचान दे गया।।

फिर दिन गुजर गया फिर रात आ गया।

क्यो हालात बिखड़ गया।

कभी जो हँसाता था आज फिर क्यो रूला गया।।

सोचा था कभी लौट कर न आएगा।

क्यो आज वो याद बनकर मेरे रग-रग में समा

गया।।

फिर दिन गुजर गया फिर रात आ गया।

****

6.

(किस्मत से लड़ने में)

किस्मत से लड़ने में मजा आ रहा है।।
अपनी जिन्दगी को तलाशने में मजा आ रहा है।
ना जाने ये जिन्दगी कहाँ खो गई।।
हर तरफ अंधेरा ही अंधेरा है।
रौशनी ढुंढने में मजा आ रहा है।।

किस्मत से लड़ने में मजा आ रहा है।।

होगी मुलाकात जरूर मुझे मंजिल से।
होगी मेरी चाहत पुरी वक्त आने पे।।
क्यूँ मेरा दिल उतावला हो रहा है।
सुनसान राहों पे चलने मे मजा आ रहा है।।

किस्मत से लड़ने में मजा आ रहा है।।

****

7.

सपने तो सब दिखाते हैं।
हकिकत करना सब के बस की बात नही।।

प्यार तो सब करते हैं।
निभाना हर किसी की आदत नही।।
ये रिश्ते जो अनमोल होते थे।
आज बस नाम के हैं।।
रिश्ते तो सब बनाते हैं।
मगर फर्ज को निभाता नही।।

सपने तो सब दिखाते हैं।
हकिकत करना सब के बस की बात नही।।

मंजिल पाना सब चाहते हैं।
कठिनाई उठाना सब की चाहत नही।।
ये दुनिया सिर्फ सपने देखती और दिखाती है।
पर पुरा करना जानती नही।।

न जाने क्यो हार जाती है किसी भी मोड़ पर।
मगर जितना शायद इनकी फिक्रत नही।

सपने तो सब दिखाते हैं।
हकिकत करना सब के बस की बात नही।।

****

8.

जिन्दगी हो या हो मौत,दोनों दो पल की होती है।
समय हो या हो बिता हुआ पल, दोनों चन्द पलो
की होती है।।

लाख कोशिश कर लो इन्हें साथ रखने की।
ये कोशिश सिर्फ एक याद बन के रह जाती है।।

जिन्दगी हो या हो मौत,दोनों दो पल की होती है।।

कितनी अजीब बात है।
जिन्दगी,मौत बन जाती है।।
मौत एक याद बन के रह जाती है।।

न जाने यादे कब तक साथ रहती।
मगर जब तक हो यादे,
ये यादे कभी लवों की खुशी बन कर रह जाती है।।

जिन्दगी हो या हो मौत,दोनों दो पल की ही होती
है।।

****

9.

खामोशी से हो रही है उनसे मेरी बात।
आँखो-आँखो मे मिल रही है उनके हर जवाब।।

न जाने ये खामोशी कब तक रहेगी।
न जाने ये अन्जान सी सवाल कब तक रहेगी।।
चुप-चुप कर सह रही हूँ मैं उनकी हर याद।
जो हो नही सकता वही सिसकियाँ ले रही है मेरी
आँखे।।

कैसे कह दु होती नही उनसे मेरी बात।
खामोशी से हो रही है उनसे मेरी बात।।
जो मुस्कान पल में आँसु बन जाये।
वो होती है गम की राज ।।
जो राज पल में खुल जाये।
वो है उनके आने का एहसास।।

जो कभी छुपा नही वो है हमारी उनकी पहली
मुलाकात।
कैसे कह दु होती नही हमारी उनसे बात।।
खामोशी-खामोशी में ही हम कह देते ।
उनसे अपनी दिलों की हर बात।।
कैसे-कहुँ कि उनसे होती नही बात...........!

****

10.

ये जिन्दगी क्या है।
अपना होके भी पराया है।।
भीड़ तो हर मोड़ पे है।
फिर भी हर कोई तन्हा है।।

ये जिन्दगी क्या है।
सवाल हजार है।।
पर जवाब कुछ नही।
हर तरफ सिर्फ आँसु है।।
हँसी का कोई नाम नही।।

ये जिन्दगी क्या है।
किसी ने क्या खूब कहा ।
जिन्दगी हसीन तभी होगी जब हौसला है।।
और हौसला तभी मिलेगी जब जिन्दगी जीना है।

ये जिन्दगी क्या है।
मालूम हुआ।
अकेले जीना ही जिन्दगी का सबसे बड़ा मकसद
हुआ।।
क्यू किसी को अपना वजूद बनाउ
भीड़ की जिन्दगी मे अकेले ही खूशियों से जी
पाउ।।

****

.11.
(दास्तान इजहार)

एक अन्जाने से मुझे प्यार हो गया।
थोड़ा नही बेसुमार हो गया।।
चाहत उसे पाने की हो गई।
आँखो में बसाने की हो गई।।

माना कि वो हमसे अंजान था।
लेकिन दिल से उसकी जान पहचान हो गई।।
बड़ी अजीब बात थी उसमें।
जिसमें मै नही मेरा दिल खो गया।।

एक अन्जाने से मुझे प्यार हो गया।
थोड़ा नही बेसुमार हो गया।।

दिल ने कहा इजहार कर दुँ।
हर बात दिलो की उन्हें कह दुँ।।
न सोचा न समझा ये दिल पागल हो गया।
एक दिन उससे मिला और आँखो-आँखो में
इजहार कर दिया।।

शर्म से आँखे लाल हुई भी न थी।
कि अचानक उस अन्जान से हर बात इनकार कर
दी।।

एक अन्जान से शायद मुझे अन्जाने में प्यार हो
गया।
थोड़ा नही बेसुमार हो गया।।

भुलाने की कोशिश तो हजार की थी।
पर उसका चेहरा दिल में कहीं छिप गया।।
सोच लिया अब प्यार नही करना।
उसके इनकार को अपना कर दिल को थाम लिया।।

एक अन्जाने से अन्जाने में मुझे प्यार हो गया।
थोड़ा नही बेसुमार हो गया.............!

****

12.

क्या खुब तारीफ की आपने मेरी।

चाँद से नुर माँग कर सजा दिया सुरत मेरी।।

क्या खुब तारीफ की आपने मेरी।

फूलो के पंखुरीयों से सजाई लव मेरी।।

तारो से सजा दी आपने आँखे मेरी।

क्या खुब तारीफ की आपने मेरी।।

जुल्फो को घनी रात बना दी।

पलको को सूरज की लाली दे दी।।

क्या क्या तारीफ की मेरे अंशो को आपने मेरी।

मेरे अंगो को खिलता कमल और

हँसते हुए गालो को बना दी चाँदनी भड़ी।।

क्या खुब तारीफ की आपने मेरी।

जिन्दगी की भरी महफिल में मुझे ताजमहल बना
दिया।।

हर तरफ मुझे खुदा का एक रूप दे दिया।

नुर कहा आपनें और कोहीनूर का हीरा बना दिया।।

क्या खुब तारीफ की मेरी आवाजो को।

कोयल की बोली और सुर-तान का नाम दे दिया।।

खुदा ने मुझे जितना नही दिया उतना आपने मुझे
बना दिया।

क्या खुब तारीफ की आपने मेरी।।

हर बात बताना मेरा मुश्किल होगा ।
मेरे अंग थे पत्थर कें।।
आपने उस अंग को मोतियों का ताज बना दिया।
क्या खुब तारीफ की आपने मेरी।

****

13.
(मेरी कुछ आदते)

मेरी कुछ आदते अच्छी है तो कुछ बुरी।
कुछ लोग खुश होते तो कुछ मेरी आदतों से दुखी।।
सोचती हूँ बार बार इसे सुधार लूँ।
पर ये इतनी जिद्दी है की सुधरती ही नही।।

मेरी कुछ आदते अच्छी है तो कुछ बुरी।।

डर जाती कहीं कुछ ज्यादा न ये बिगड़ जाये।
समझाती हूँ इसे कभी अपनों को चोट न हो जाये।।
बेवजह ये बेहद सताती है।
मेरी आदत थोड़ा-थोड़ा नही कुछ ज्यादा ही मुझे
हँसाती है।।
हो अगर किसी को तकलीफ तो खुद को समझाये।
मेरी आदत किसी को समझती नही।।

मेरी कुछ आदते अच्छी है तो कुछ बुरी।।

अजीब हलचल है मेरी आदतो में।
कभी खामोश तो कभी चंचल है खुद में।।
बार-बार ये खुद को संभालती है।
पर फिर गिरती और खुद रो पड़ती है।।

मेरी कुछ आदते अच्छी है तो कुछ बुरी।।

ये मेरी आदत न खुद सुलझती है।
न किसी की बातो से सुलझती है।।
दुनिया मेरी कुछ आदतो से हँसते है तो कुछ
जलते।
पर ये आदते किसी की फिक्र करती नही।।

मेरी कुछ आदते अच्छी है तो कुछ बुरी।।

****

14.

(हर बात कहना आसान नही)

हर बात कहना आसान नही।
अपना तुम्हें कहना आसान नही।।

तुम तो अपना दिल का बात सब कह देते।
मेरा खामोशी समझना आसान नही।।

ये जिन्दगी ने मुझे बेहद रूलाया है।
तुम नही रूलाओगे ये विश्वास करना आसान नही।।

क्यू तुम मुझे इतना चाहने लगे।
क्यू मुझसे नजदिकियाँ बढ़ाने लगे।।

तुम्हें अपना बनाना मेरे लिए आसान नही।।

****

15.
(तुम्हारा मेरा रिस्ता)

तुम मेरे कौन हो।
तुम्हारा मेरा रिस्ता क्या है।।
तुम इतना क्यो मानते हो मुझे।
आखिर तेरा क्या मकसद है।।

इतनी चाहत से डरती हूँ।
तेरी बातो से घबराती हूँ।।
तेरा मेरा न जन्मो का नाता है।
फिर भी तेरी जुदाई से रोती हूँ।।

तुम मेरे कौन हो।
तुम्हारा मेरा रिस्ता क्या है।।

तुझे न चाहते हुए भी देखा करती।
तुम्हें बेवजह अपना कह कर बुलाती।।
अजीब-अजीब तेरी हरकतो से।
खुद में बेहद मुस्कुराती।।

तुम मेरे इतने करीब क्यो हो।
तुम आखिर इतना मुझे चाहते क्यु हो।।
तुम्हे जब भी देखु किसी के संग ।
क्यूँ मैं जलती हूँ।।

तुम मेरे कौन हो।
तुम्हारा मेरा रिस्ता क्या है।।
क्या नाम दु इसे।
ये बड़ी अजीब पहेली है।।

****

16.

आज तेरी हरकतो से मुस्कुराने लगी।

आज तेरी बातो में खोने लगी।।

अजीब बात हो गई मेरे-तेरे संग।

आज तेरी नजदिकियों से घबराने लगी।।

आज तेरी ....।

आज तेरी बातो...................।।

अजीब हलचल होने लगी।

जब से मिले हो दिल मचलने लगी।।

न चाहते हुए भी अपना कहने लगी।

यकिनन कोई रिस्ता है हमारा।।

आज तेरी जुदाई से आँखे भींगने लगी।

आज तेरी ....।

आज तेरी बातो...................।।

सोचती हूँ क्या-क्या मुझे होने लगी।

रातों का निंद,दिन का चैन खोने लगी।।

न भूख लगती,न प्यास।

न ये चाहत है, न कोई प्यार।।

शायद ये रिश्ता मुझे हर रिश्ता से।

आज अनमोल लगने लगी।।

आज तेरी ....।

आज तेरी बातो...................।।

****

17.

तुम मेरे नजदिक ना आया करो।

इतनी मोहब्बत ना दिया करो।।

अजीब हलचल होती है मुझे।

इतना ना तुम बेचैनी बढ़ाया करो।।

तुम मेरे नजदिक...................।।

क्यू इतना प्यार बढ़ाते हो ।

जब है मुझसे कोई रिश्ता तेरा,तो क्यू छुपाते हो।।

जब भी देखती तुझे किसी के संग।

तो क्यू तुम मुझे रूलाते हो।।

इतना ना मुझे तरपाया करो।

तुम मेरे नजदिक...................।।

होने लगी है मुझे भी तुझसे हमदर्दियाँ।

ये चाहत भी मुझे अपनाने लगी है बेइंतिहा।।

इतनी ना मुझे सताया करो।

अपने करीब ना बूलाया करो।।

दरती हूँ चाहत से।

अपनी चाहत ना बरसाया करो।।

तुम मेरे नजदिक...................।।
****

18.

(अधुरे सपने)

मै जा रहा हूँ , कोई उजाला ले के नही।

मै एक दिन आऊँगा,कोई अंधेरा ले के नही।।

थी मेरी भी एक तमन्ना,इस जहाँ पाने की।

मै गहरी नींद में सो रहा हूँ,कोई उदासी चेहरा ले के

नही।।

मै जा रहा हूँ , कोई उजाला ले के नही।

मै एक दिन आऊँगा,कोई अंधेरा ले के नही।।

थी कोई चाहत,थी कुछ सपने

जो टुट गए मेरे ही हाँथो।

न कोई कसक,न कोई झिझक

मै खुशी से जा रहा हूँ,कोई आँखो में नमी ले के

नही।।

मै जा रहा हूँ , कोई उजाला ले के नही।

मै एक दिन आऊँगा,कोई अंधेरा ले के नही।।

मालूम है मुझे मेरे सपने हकिकत होंगे।

जो टुट गए थे वो आज न तो कल जुड़ेगे।।

है हिम्मत पाने की,फिर से वही सपने को सजाने

की

मै कोई डर नही रहा हूँ,कोई घबरा नही रहा हूँ।
मै जा रहा हूँ,कोई जिस्म में डर ले के नही।।

मै जा रहा हूँ , कोई उजाला ले के नही।
मै एक दिन आऊँगा,कोई अंधेरा ले के नही।।

****

19.

(तु ही तो आपना)

क्यू तू खोया है मुझसे।

क्यू तू खफा है मुझसे।।

इतनी तो चाहत हुई ना मुझे किसी से।

क्यू तू अनजान है मेरे प्यार से।।

क्यू तू खोया है मुझसे.....।

कास मैं तुझे हर बात बता पाती।

कास अपनी हर राज दिल की लवों से कह पाती।।

क्यू नही पढ़ते मेरे खामोशी आँखो से।

क्यू खफा रहते मुझसे........... ।।

तुम्हें मालूम है सब कहना आसान नही।

तू जुबा की बात समझता , जिसे कह पाना मुश्किल भरी।।

कौन अब तुम्हें बताएँ मेरे अंदर की राज।

कास तुम समझ पाते मेरे हर राज , दिल की दिल से।।

क्यू तू खोया है मुझसे...... ।

क्यू तू नाराज है मुझसे...... ।।

****

20.

आज बहुत याद आती है।

हर वक्त मुझे रूलाती है।।

वो कांधे की झूला वो प्यारी डाट।

मुझे कभी कभी हँसाती है।।

पापा आज आपकी बहुत याद आती है।

जब भी चलती हूँ वो आपकी।

उँगली पकरना याद आती है।।

जब भी हँसती वो आपकी।

गुदगुदी दिलाना मुझे हँसाती है।।

क्यू आपकी इतना याद आती है।

पापा आज आपकी बहुत याद आती है।।

गिर जाती जब किसी राह पे ।

तो आपकी गोद मे उठाना मुझे सताती है।।

आज भी वो पढाई के लिए डाट ।

मुझे हर मंजिल पे याद आती है।।

कैसे चलुँगी हर सफर पे तन्हा,पापा।

यही सोच के कदम घबराती है।।

पापा आपकी जुदाई मुझे रूलाती है।

पापा आज आपकी बहुत याद आती है ।।

(Miss u papa)

****

21.

(अकेला सफर.......)

हर राह पे चलना आसान नही।
हर मंजिल मिल जाना आसान नही।।
क्यू हर कोई को खुद पे गुरूर होता है।
ये जिन्दगी को अपना बनाना आसान नही ।।
हर राह पे चलना......... ।

कभी कभी खुद को रोकना पड़ता है।
कभी खुद की कदम को थामना पड़ता है।।
हर वक्त उठ के चलना आसान नही ।
कभी कभी झुक के उठना पड़ता है ।।
हर राह पे चलना......... ।

ये जिन्दगी माना कठिन है।
मगर मौत को भी अपनाना आसान नही।।
ये खुशी जितनी प्यारी है।
दुखः को सहना आसान नही।।
हर राह पे चलना...... । .

****

22.

(जीवन के हर पल......)

क्या क्या सुनते आ रही हूँ।

लाख मुसीबत झेल रही हूँ।।

दुनिया ने क्या नही सुनाया मुझे।

फिर-भी दुनिया को अपना समझ रही हूँ।।

क्या क्या सुनते................... !!

न मेरा कोई अपना है।

न मेरा कोई सपना है।।

इस जीवन के हर पल में तन्हाई है।

फिर भी मै हँस के जी रही हूँ।।

क्या क्या सुनते..................!!

जीना होगा मुझे हर गम सह के।

हँसना होगा मुझे अपने अश्को को पी के।।

क्या सुनाऊ अपने दर्द-की-दास्तान सभी को।

गुम-सुम हो के ही जीना सिख रही हूँ।।

क्या क्या सुनते.....................!!

क्या हुआ जो मै तन्हा हूँ।

क्या हुआ जो मै गम में हूँ।।

नही तड़पना मुझे अपने आँसुओं को लेके।

क्या हुआ जो मै सह के जी रही हूँ।।

क्या क्या सुनते ....!!

****

23.
(चाँद मैं सूरज तू)

इतनी तारीफ मत कर मेरी,
मै तारीफ के काबिल नही।
क्यू कहता फिरता तू,
चाँद मैं सूरज तू.....!

अजीब-अजीब आवाजें सुनते है।
लोगों के मुख से खुद की बातें सुनते है।।
मत कर ये गालिब तारीफे तू।
चाँद मैं सूरज तू.....!

कितने चेहरे होंगे रौशनी से भरे।
पलके होंगी उनके भी सागरो जैसे।।
क्यू सब कों कहता-फिरता ।
उसके जैसा कोई मूरत नही ।।
क्यू इतनी बाते कहता तू।
चाँद मैं सूरज तू.....!

तारीफ मत कर इतनी की,
तारीफ भी शर्मा जाए।
मै तेरे काबिल नही जो,
माटी मोती बन जाए।

ये गालिब खुद को समझा ले,
अपने जुबां इतना खोलता क्यू।
चारो दिशा मे कहता फिरता तू,
चाँद मैं सूरज तू......!

****

24.

(आदत सी हो गई)

तेरी हरकतो से बाकीफ सी हो गई।
तुझे देखने की आदत सी हो गई।।
इतनी ना दुरिया बनाया कर।
मेरी आँखें आँसूओं से भर गई।।

क्यू नही समझते मेरी बेचैनी।
माना तुम अनजान हो मै एक अजनबी।।
पर लगता है दिल की वर्षों से जान पहचान हो गई।
तेरी हरकतो से बाकीफ.............!

कैसी-कैसी बाते हो गई।
हम दोनो के बीच एक रिश्ते जूड़ गई।।
क्या नाम दू इसे जिससे अब तक अंजान थी।
ऐसा लगता मुझे तेरी आदत सी हो गई है।।
तेरी हरकतो से बाकीफ...............!

हर वक्त तेरी जुदाई से डर लगता।
माना कि मेरी जुबा कुछ कह नही पाता।।
ऐसा नही की आँखें कुछ नही कह पाती।
पर मेरी लव्जे लगता तुझे कहने से डर सी गई।।
तेरी हरकतो से बाकीफ...............!

****

25.
(कैसी इन्सानियत खुदा)

आसमान में बिजली ज्यादा,

घर में बिजली नही।

ये कैसी इन्सानियत है खुदा,

जो दिखता नही उसकी जगह दिल में,

जो दिखता उसका कोई सम्मान नही।

आसमान में बिजली ज्यादा,

घर में बिजली नही......!

बर्फो से ढ़के है, धरती अम्बर पर्वत-माला,

ये शायद होगी इनकी वस्त्र,

ये कैसी लोगों की नियत है खुदा,

जो माटी के बने उनके लिए वस्त्र बिकता,

जो इन्सान है उसके लिए वस्त्र की कमी पर गई।

आसमान में बिजली ज्यादा,

घर में बिजली नही.......!

अजीब-अजीब हो गये इस धरती के लोग।

यहाँ किसी का अपना कोई नही,

अमीर को देनें के लिए अनाज-पैसे,

हर तरफ हाथ फैले है।

पर ये कैसी कठोरता है मानव की,
गरीब को देने के लिए खुद कहते।
मुझसे बड़ा कोई भिखाड़ी नही,

आसमान में बिजली......!
घर में बिजली.......!

****

26.

(इतना ना सता मुझे)

तुम ऐसे ना नजदिक आया करो।

इतना ना मुझे सताया करो।।

जब भी तुम मुझे देखते हो।

दिल की धड़कन बढ़ जाती है।।

इस तरह ना बेचैनी बढ़ाया करो।

तुम ऐसे ना नजदिक..........!

अजीब तरह की बातें करते हो।

अजीब-अजीब तरह की मेरी तारिफे करते हो।।

इतना ना मुझे देखा करो।

इतना ना दिल की धड़कन बढ़ाया करो।।

तुम ऐसे ना नजदिक..........!

जब भी आते तुम करीब,

पलके झुक जाती मेरी।

तेरे हलके से हाथ को छू जाने से,

मेरी बेचैनियाँ बढ़ जाती है।

जब भी तुम जुल्फों को छू जाते हो,

मेरी तो साँसे थम जाती है।

इतना ना प्यार किया करो।।

तुम ऐसे ना नजदिक..........!

****

27.

किसी के नजरे , किसी के गजरे।

ढूँढ़ते है सारे नैना उसे , जो हो गये शहीद सारे।।

अजीब-अजीब से रात के पहलों में,

अजीब डर से चौखट के डगरो पे।

ढूँढ़ते है वो आँचल , जो छोड़ गये अपनो को सारे।

वो पीपल की छाऊ , वो नदियों की लहरें।।

ढूँढ़ते है हर वक्त वो झुले ,

जो रह गये तन्हा पेड़ों पे लटके।

किसी की चुड़ी , किसी की मेंहदी।

ढूँढ़ते फिरते हर तरफ पायलो की झनकारे ।।

जो टुटते-टुटते बहा गये आँसु अपने,

क्या दिन थे वो शहीद के लिए।

भाई-बहन , माँ-पिता

छोड़ गये पत्नी बच्चे को रोते ।।

सलाम है मुझे उन शहीदों को,

जो आज आजाद कराये अपने खुनो के बुंदो से।

बड़ी बड़ी बाते याद आती उनके बारे में,

जिसने मुझे जीने का उत्साह दिया।।

उन्हें आज सलामी देते है अपने तहे दिल से।।

****

28.

(गुरू)

आपने मुझे जीने का उत्साह दिलाया,

बचपन से ही मुझे हर वक्त पाला।

थोड़ा मारा थोड़ा हँसाया,

आपने ही हर राह का मंजिल बतलाया।

आपने मुझे जीने.................!

गुरू नही आप देवता हो,

देवता से भी बढ़के आप परमात्मा हो।

हर डगर पे सच्चाई का मार्ग बतलाया,

आपने मुझे जीने का................!

मेरे हर कर्म में आपका नाम।

मेरे हर अक्षर में आपका नाम।।

कितने भी शीश झुकाऊ आपके सामने,

फिर भी कम है।

आपने मुझे हर कठिनाईयों में अपना हाथ बढ़ाये,

आपने मुझे जीने का...................!

ये कैसा कर्ज उठाया मैनें।

जिसका कोई मोल नहीं।।

आप अनमोल हो इसका कोई तोल नही।

आपने ही साहस दिया आपने ही मेरा हौसला

बढ़ाया।।
बचपन से आप गुरू जरूर थे।
पर आज आपमें मैने देवता पाया।।
आपने मुझे जीने का...................!
बचपन से ही मुझे......................!

****

29.

(माँ वंदानावाहिनी)

हे माँ मुझे वरदान दे।

शान्ति,दृष्टि का ज्ञान दे।।

तुने ही हर कदम पे साथ दिया।

हे माँ सच्चाई का मार्ग दे।।

हे माँ मुझे वरदान दे......!

हर वक्त जपती तेरा नाम।

तेरा ही जग ऊँचा धाम।।

तु ही सुबह तु ही शाम।

हे माँ मेरे लव पर मधुर तान दे।।

हे माँ मुझे वरदान दे.......!!

हो कोई भुल तो क्षमा करना।

नादान समझ कर मेरी भुल को भुल जाना।।

मेरी हर डगर पे तेरा ही साथ रहें।

हे माँ मेरी हर इन्तिहान सफल कर दे।।

हे माँ मुझे वरदान दे......!!!

तु ही दुर्गा तु ही काली

हे माँ सरस्वती-

शान्ति,दृष्टि का ज्ञान दे।।।।

****

30.
(तेरी पहली मुलाकात)

आज तेरी आवाज में मै कहीं गुम गई।
आज तेरी एक आहट से वही खो गई।।
तुने ऐसा क्या कहाँ जो दिल धड़कने लगी।
बर्षों से जिसकी तलाश थी शायद लगता।।

धीरे-धीरे वो पुरी होने लगी।
आज तेरी वो नजर मुझे घायल कर गई।।
तेरी नजर से मुझे देखना मुझे पागल कर गई।
ऐसा क्या हुआ मेरे नजर को।।
जो तुझे देख कर लड़खड़ाने लगी।

शायद ये कोई संदेशा है।।
जो दिल को दशतक दे रही।
होने लगी मुझे भी एहसास।।
लगता जैसे यही चाहत बन गई।

आज तेरा मेरे बारे मे सोचना।।
कुछ कहना फिर चुप हो जाना।
वो शक की नजर से टोकना।।
फिर मुस्कुरा के धीरे-से कहना।

न तुम बिन जीना,ना तुम बिन रहना।।
तु ही मेरी जिन्दगी तेरे ही संग जिना।
ये सुन कर मेरी साँसे थम गई।।
मेरी भी लव मुस्कुराई।

शायद मुझे भी मोहब्बत हो गई।।
आज तेरी आवाज में मै कही गुम गई।
आज तेरी ------------।
(I love you queet)

****

31.
(अकेले चलना)

मुझे अकेले चलनें में मजा आता है।
न कोई पीछे रूकता न कोई आगे भागता है।
ये सफर मेरा तन्हा कटता है
फिर भी मै खुश रहता ये सोचकर कि,
ये मंजिल सिर्फ मेरा इन्तजार करता है।

मुझे अकेले चलनें..................!

लोग कहते है मुझे स्वार्थी,तो कहे
दुनिया कि बातों में मेरा दिल कभी चोट नही खाता,
ये धुन में चलता किसी का साथ नही चाहता है।
इसकी अपनी ही मंजिल है ये अपना राह खुद
बनाता है।

मुझे अकेले चलनें...................!

साथ जीना नही साथ मरना नही,
जिन्दगी सबको मिली अकेले-अकेले तो,
अकेले ही ये रहना चाहता है।
बहुत चोट मिलती है किसी का साथ छुटने पर,
ये दिल चोट से डरता है।

मुझे अकेले चलनें...................!

माना कि कुछ तकलीफ होती है अकेले रहने पर,
मगर मै रोता नही क्योकि,
मेरा सफर मेरा मंजिल मेरे हर कदम पे साथ रहता
है।

मुझे अकेले चलनें...................!

****

32.
(वक्त आने में)

घर बनाने में वक्त लगता है।

पर मिटाने में वक्त नही लगता।।

रिश्ते सजाने में वक्त लगता है।

पर उजारने में वक्त नही लगता।।

ये वो शहर है जहाँ दोस्त बनाने मे वक्त लगता है।

मगर तोड़ने में वक्त नही लगता।

घर बनाने में वक्त...........!

हो विश्वास तो हर अपने बन जाते हैं।

जहाँ अपने पर विश्वास टुट जाऐ तों।।

विश्वास फिर से लाने में वक्त लगता है।

पल पल कर उम्र पाती है,जिन्दगी।।

पर मिट जाने में वक्त नही लगता।

घर बनाने में वक्त...........!

जो उड़ते है अहम के आसमानों मे।।

उन्हें जमी पर आने में वक्त नही लगता।

हर खुशी आती है जीवन के वक्त में।।

मगर खुशी के बीत जाने में वक्त नही लगता।।

घर बनाने में वक्त...........!

****

33.
(जय हिन्द)

क्या कसुर था मेरे वीर जवानों का,
क्यु उसके जीवन को अंधेरा कर दिया।
कितनी मोहब्बत है उसे अपने देश पे,
क्यु उसके देश में आतंक फैला दिया।
तु भी इन्सान है , वो भी इन्सान था।
क्यु उसके साथ ये अन्याय किया।।

मत कर गुरूर खुद पें , कोई नेक काम नही किया।
वो वीर थे वो मरे नही,आज वो शहीद हुआ।।
तुने आज मौत के मुँख में हाथ डाला है।
भाग जा अपने जान बचा कर ,
आज वो वीर , देश के हर कोने में जगा है।।।

हर बच्चे में,हर जवान,बुढ़ो में एक तुफान फैला है।।
वापस लाना है उन वीरों को,
पाकिस्तानों को मिटाना है।
जाग उठा है माँ का बेटा,बहन का भाई
सिन्दुर और सोलह सिंगार ,
चीर देगा, पाकिस्तानियों बचा ले अपना प्राण।

भारत माँ का बेटा ओढ़ा है अपनी माँ का आँचल।
खाया है कसम बहन के राखियों का,
तुने जिसे लड़कारा है।।
अब मिटा देगा हर घमंड पाकिस्तानियों का।

जय जवान जय किसान।।

****

.

34.
(Miss u papa)

आज आपकी बहुत याद आ रही है।

आँखों से आँसु छलक रही है।।

कितने महीनें कितने साल हो गये।

फिर भी आपकी यादें मेरे साथ रह रही है।।

आज आपकी....................!

क्यों आपकी जुदाई मुझे सता रही हैं।

वेबजह मुझे रूला रही है।।

हर मौसम हर खुशी हर दुख में।

क्यो मेरी जिन्दगी आपका साथ माँग रही है।।

आज आपकी....................!

न जाने ऐसा क्यु हुआ।

ये कैसा सफर मेरा शुरू हुआ।।

कहाँ मै गुड्डे गुड़िया खेला करती थी।

आज कहाँ मै जिन्दगी की कठपुतली बन गई हूँ।।

क्यो ये जिन्दगी आज मेरा इंतहान ले रही है।

जब से पापा आप गये ये जिन्दगी ही मुझे अधुरी

लग रही है।।

आज आपकी....................!

****

35.

(मेरी यादे)

मै यादो का खिस्सा खोलू तो ,

कुछ दोस्त बेहद याद आते है।

वो बचपन की पन्ने पलटु तो ,

कुछ हसीन लम्हे याद आते है।

कितनी खुशनसीब थी वो बाते ,

जो हर वक्त याद आते है।

मै यादो का खिस्सा खोलू तो ,

कुछ दोस्त बेहद.............!

अगर कोई कहे कि लफ्जे खोल अपनी ,

तो लफ्जे लड़खड़ा जाते है।

इन लफ्जों में राज छुपी है।।

जो दबे ही रह जाते है।

प्यार,मोहब्बत से बढ़कर हमारी यारी थी,

कोई तौले तो बता दु,

हमारी यारी की कोई मोल नही,

वो तो अनमोल कहे जाते है।

मै यादो का खिस्सा खोलू तो ,

कुछ दोस्त बेहद.............!

****

36.
(कुछ तकलिफें)

आँसु का `वजन` उससे पूछो ,
जिसने अपने पलकों पे उठाये होगें।
यादों का `महल` उससे पूछो,
जिसने अपने दिलों में बनाएँ होंगे।
कितने ऐसे होगें जो मंजिल को,
पानें के लिए सफर तलाशते है।
मंजिल जिसे न मिले उससे पूछो,
वे कैसे हर सफर पे भटकते होगे।

आँसु का `वजन` उससे पूछो ,
जिसने अपने पलकों पे........!

बड़ी-बड़ी बाते करने वाले ,
अक्सर बंद कमरे में ही रह जाते है।
जो बन्द कमरे में ही पल रहे हो,
उससे कभी पूछो वो क्या पाना चाहते होगें।
माना कि ये दुनिया बड़ी अजीब है,
हर घड़ी ये पैसो की मोहताज है।

महलों में पलने वाले गाड़ियों पे चढ़के चलने वाले,
वो क्या जाने जिन्दगी क्या है।
पर जिसनें सुबह कमाया शाम खाया ,
उससे पूछो जिन्दगी वो कैसे बिताते होंगे।
आँसु का 'वजन' उससे पूछो ,
जिसने अपने पलकों पे.......!

****

37.

वो हैं कि देखते नही,

उसके बगैर मुझे कोई भाता नही।

कौन उसे समझाये मै उसे कितना चाहते,

वो हैं कि मेरे एहसास समझते नही।

वो है कि देखते नही ।।

माना कि मै तेरे काबिल नही,

माना कि मै कोई इंद्र कि परी नही।

मगर ये सच है मेरे मोहब्बत का कोई मोल नही,

कैसे ये राज तुझे बताऊ तु ही मेरी जिन्दगी,

क्यु वो मेरी चाहत देखता नही।

वो है कि देखते नही।।

उसके बगैर मुझे कोई भाता नही।

****

38.

मेरे ख्बाबों मै वो रोज आता है।
मेरे दिल को छू जाता है।।
अंजाना है फिर भी जाना पहचाना लगता है।
कुछ कहना चाहती उसे मगर ,
ना जाने क्यू वो मुझे दूर-दूर रहता है।।
मेरे ख्बाबों मै वो रोज आता है।
मेरे दिल को छू जाता है।।
नजर मेरी हटती नही उससे,
वो भी कभी छुप-छुप के देखता है मुझे,
अजीब मेरे दिल मे आग लगी है।
उसके बगैर कोई भाता नही हमें,
कितना पास होके भी दूर है।।
मेरे दिल मे होके भी मुझसे अंजान हैं।
काश कभी वो मेरे एहसास समझ ले,
जो हर वक्त इतना सताता है।।
मेरे ख्बाबों मै वो रोज आता है।
मेरे दिल को छू जाता है।

****

39.

आज ना जाने वो कैसे मेरे नजदिक आ जाता,

आ कर क्यू वो मुझे नजरे चुराता।

उसे देख मेरे कदम लड़खड़ा जाता,

कुछ कहते-कहते जुवान खामोश हो जाता।

आज ना जाने वो कैसे मेरे...................!

उसका आवाज बेहद सताता,

उसका चुराया वो नजर बार-बार याद आता।

क्यू वो पास आ कर दूर हो जाता।।

आज ना जाने वो कैसे मेरे....................!

जब भी देखती हूँ मेरे दिल में खलबली मच जाती,

लगता हैं जो बात दिल मे है वो जुवान पे आ

जाती।

सोचती हूँ उसे हर राज बताने को,

मगर वो कही इजहार को इनकार ना कर दे।

ये सोच कर कदम थम जाता,

आज ना जाने वो कैसे मेरे....................!

****

40.

तुम क्यू इतना सताते हो।

अगर है प्यार तो क्यू मुझसे छुपाते हो।।

कितना तुम्हें मै चाहती हूँ।

काश ये तुम समझ लेते,

क्यू तुम भी अपनी इजहार नही कर पाते हो।।

तुम क्यू इतना सताते हो।

छुप-छुपके देखते हो।

जब भी मै देखती तुम्हें तो क्यू नजरे चुराते हो।।

कुछ कहना है तो क्यू खामोश रहते हो।

तुम क्यू इतना सताते हो।।

हर वक्त तुम मुझे याद आते हो।

तुम्हारी इजहार का मुझे इंतजार है।।

क्यू मेरी बेचैनी नही समझते हो।

क्यू पास नही आते हो।।

तुम क्यू इतना सताते हो।।।

****

41.

शायद मेरा कोई सपना है या हकीकत।

तुम सच हो या झूठ ना जाने ।।

जब भी तुम्हे देखती कही गुम जाती।

लव मेरी कहते-कहते खामोश हो जाती।।

तुम मेरे कौन हो अपना या पराया।

क्यू मेरी आँखें तुझे ढुंढ़ती ।।

जब ना देखु तुझे तो ।

क्यू मेरी आँखें भींग जाती ।।

अजीब कस-म-कस मे मैं डुबी हूँ।

क्यू ये सपना हकीकत लगता ।।

क्यू ये झूठ सच लगता ।

जब तुम पराये हो तो क्यू ।।

तुम्हारी हर याद अपना लगता।

तुम आखिर कौन हो।।

क्यू मेरे दिल तेरा होना चाहता।

शायद मेरा कोई सपना है या हकीकत।।

क्यू तुम बार-बार याद आता।।।

****

42.
(तेरी खुबसूरती)

फुर्सत मिलेगा तो बताऊँगी,
तेरी खुबसूरती को निहारूगी।
तु वो कमल है,जिसकी खुश्बू सबके पास नही,
तेरे हर नाजुक सी वदन का राज बताऊँगी।।

वो नसा तेरे आँखो में है,
जो पीले तो कभी होश में न आए।
वो नूर तेरे चेहरे में है,
जो अंधेरो में रोशनी भर लाए।

क्या-क्या राज है मेरे दिल में,
तेरी खुबसूरती के बारे में,
कभी वक्त मिले तो सुनाऊँगी।

तेरे लवों में वो चमक है,
जिसे देख के नजर हटती नही।
तेरे गालो पे वो लाली है,
जो चाँदनी में नही।

कितनी भी तारीफ कर लू तेरे हर अंग का,
फिर भी कम है।
एहसास मुझे भी नही होगा,

तु खुदा है या खुदा का एक रूप है।

कभी महफिल में मिलूगी तो,
हर बात जाहिर करूगी।
फुर्सत मिलेगा तो बताऊगी ,
तेरी खुबसूरती को निहारूगी।

****

56

43.

तु छोटा है पर खोटा बहुत है।

तु प्यारा है पर सरारती बहुत है।।

इतनी मासुमियत कहाँ होगी।

तु मेरा प्यारा भाई है ।।

पर मेरे दिल का टुकड़ा बहुत है।

तु मुझे हँसाता है तु मुझे सताता है।।

न रूला सके तो अपनी दुरी मुझसे बनाता है।

तु कहता है तेरे बिन जी लुँगा।।

पर मुझे न देखे तो चारो दिशा घुमता बहुत है।

तु छोटा है पर खोटा बहुत है।।

जब जब मै खामोश रहें तो सवाल करता बहुत है।

चाँद न चमके तो जी लुँगी।।

सूरज न निकले तो जी लुँगी।

पर जब तु रूठे तो दुनिया विरान है।।

इतनी मासुमियत कहाँ होगी तुझ जैसी।

तु मेरा प्यारा भाई है ।।

पर मेरे दिल का टुकड़ा बहुत है।

तु छोटा है पर खोटा बहुत है।।

****

44.

(बेटिया)

तु कितनी खुबसुरत है।
तु कितनी भोली है।।
तेरी मासुमियत देख के ही तो।
कहती है ये दुनिया।
ये बेटियाँ नाजुक बहुत है।।
तेरी हरकते प्यारी है।
तेरी वो पहली मुस्कान फूलो सी है।।
जब तु रखे अपनी पहली कोमल सी कदम।
अपने घर के आँगन में।।
तो ये देख दुनियाँ कहती है।
ये बेटियाँ इतनी जल्दी बड़ी क्यू होती है।।
तु कितनी खुबसुरत है।
सुरज की पहली किरण की जैसी है।।
जब तु खेल-खेल में ओढ़े लाल चुनरी।
खुदा की मुरत लगती है।।
जब तु अपनी कोयल की वाणी बोले।
तो सारी दुनियाँ फूलों की क्यारी लगती है।।
इतनी मासुमियत तो खुदा में ही होगी।
तभी तो ये दुनिया कहती ।।
ये बेटिया बड़े सिद्दतो से मिलती है।
तु कितनी खुबसुरत है।।

तु कितनी भोली है।
तेरी मासुमियत देख के ही तो।।
कहती है ये दुनिया।
ये बेटियाँ नाजुक बहुत है।।

****

45.

किसी ने कहा मुझसे।

तुझे मालूम है जिन्दगी क्या है?

मैंने कहा जिन्दगी खुशी है,

जिन्दगी ही गम है।

इसमे ना कोई अमीर है ,

ना कोई गरीब।

इसमे राहें भी एक है और मंजिल भी एक।।

उसने कहा खुशी क्या है?

मैंने कहा :- संतोष।

गम क्या है?

मैंने कहा :- क्रोध।

उसने कहा अमीर कौन है गरीब कौन है?

मैंने कहा :- अमीर दया और मोह,

गरीब कठोरता और कुरूप।

फिर उसने कहा राह क्या है?

मैंने कहा :- आखरी सफर।

उसने सहम कर पुछा मंजिल क्या है?

मैंने हँस कर जबाब दिया :- मौत।

****

46.

(तन्हाई)

एक बात अभी तक समझ नही पा रही हूँ।

क्यु तुम्हे तन्हाई में याद कर रही हूँ।।

छोड़ कर जाना फिदरत होगी तेरी।

मै क्यु यादों को तेरी अपनी ताकत बना रही हूँ।।

न जाने ये याद है या एक बिछड़ा प्यार।

अब क्यु मैं तन्हाई के सहारे जी रही हूँ।।

एक बात अभी तक समझ नही पा रही हूँ।

क्यु तुम्हे तन्हाई में याद कर रही हूँ।।

अजीब हो गई है मेरी आदत।

खुशी से डर कर भाग रही हूँ।।

जिन्दगी के राहो पे तन्हाई को गले लगा रही हूँ।

उम्मीदें जितनी भी थी खत्म हो गई।।

जिसका कोई उम्मीद नही।

क्यु उसी की उम्मीद कर रही हूँ।।

क्यु मै तन्हाई मे जी रही हूँ।

एक बात अभी तक समझ नही पा रही हूँ।।

क्यु तुम्हे तन्हाई में याद कर रही हूँ।।।

****

आखिर क्यु बदनाम होती है लड़कियाँ।
आखिर क्यु समाज नही देता उसे ।।
मान-सम्मान , प्राण-प्रतिष्ठा।
क्या वो लड़की है इस लिए।।
क्या लड़की की कोई अपनी अस्तित्व नही।
क्या उसे शक्ति नही।।
क्यु कोई इस जबाब का उत्तर देता नही।
आखिर क्यू हर कोई इसे नीच भावना से देखते है।।
आखिर क्यू हर कोई इसे बदसुलूकी जैसे करते है।
क्या इसकी शरीर मे खून नही क्या ये इंसान नही।।
समाज तो इसे जानवर बना दिया।
मगर ऐसा जानवर बना दिया कि।।
ये हर किसी से डरी रहती।
आखिर क्यु लड़कियों को समाज ने ऐसा बना
दिया।।
अपने ही आप जो घबड़ा गई।
टुट गई लड़कियाँ इस तरह की बदसुलूकी से।।
बार-बार यही कहती,क्यू खुदा ने ।
लड़कियों को बना दिया।।।

****

48.

आज जब तुने मुझे सम्भाला।
मेरी चाहत और बढ़ गई।।
आज जब तुने धीरे से इशारा दिया।
मेरी धड़कन बढ़ गई।।
आजीब रिश्ता जुड़ी है तुमसे।
तुम्हें बिन देखे ही साँसे थम गई।।
दिन महीने और साल ही हुई थी तुझसे मिले।
ऐसा लगता मानो जैसे तेरी मुलाकात।।
मेरी जिंदगी बन गई।
आज जब तुने मुझे सम्भाला।।
मेरी चाहत और बढ़ गई।
सोचा तुझे दिल की बात बता दु।।
हर राज आज सुना दु।
ना जाने क्यू तेरे नजदिक जाने से।
कुछ कहने से मेरी लव्जें लड़खड़ा गई।।
आज जब तुने मुझे सम्भाला।
मेरी चाहत और बढ़ गई।।।।

****

ना चाहते हुए भी उसे रोक लिया।
ना चाहते हुए भी उसका हाथ थाम लिया।।
ना जाने उसकी आवाज मे क्या खुबी है।
उसके आवाज ने मुझे आपना बना लिया।।
ये जानती हूँ वो मेरा नही है।
फिर भी उसे सीने से लगा लिया।।
ना चाहते हुए भी उसे रोक लिया।
सोचा था उसे जाने ना दु।।
आपनी आँखो से ओझल ना करू।
अजीब डर हो गई थी मेरे सीने में।।
शायद मुझे मोहब्बत हो गई उससे।
ये देख वो भी घबड़ा गया।।
धीमे से कहा तु डर मत।
पगली , मै कोई दुर नही ।।
बस तेरी तो पलकें झुकी थी।
तुने तो अपनी दिल की बात जाहिर कर दिया।।।

****

50.

(सफर)

सोचा था घर बनाकर सुकून से सोया करूँगा।
सोचा कुछ पैसा कमा कर ऐसो आराम करूँगा।।
ना जाने किस भ्रम में जी रहा था यारो।
अब ना रही वो बचपन की एतवार।।
जो जी में आया वो करूँगा।

सोचा था घर बनाकर सुकून से सोया करूँगा।।

अजीब उलझन में फँसी हूँ यारो।
कहाँ गुम गई अपना वो सफर यारो।।
जो निंद अपनी और खवाब अपना।
ना जाने किस भ्रम में जी रहा था।।
अब तो सुबह शाम बस गुलाम बना फिर रहा था।
अब ना रही वो बचपन जो अपनी मनमौजी
करूँगा।।

सोचा था घर बनाकर सुकून से सोया करूँगा।

सफर जैसा भी हो अपना है।।
वक्त जैसा भी हो अपना है।
क्यू शिकायत करू खुदा से।।
ये जिन्दगी जैसा भी हो अपना है।

सफर को अपने अंदाज से जिओ।।
वक्त के साथ चलते रहो।
फिर भूल जाओगें हर शिकायत खुदा से करनी ।।
ये जिन्दगी चार दिन की है।
थोड़ा गम भूला कर और थोड़ा खुशी पाकर जिन्दगी
को अपनाओ।।
सोचा था घर बनाकर सुकून से सोया करूँगा।
सोचा कुछ पैसा कमा कर ऐसो आराम करूँगा।।

****

51.

काश मै तुझे बता पाती,तेरे जाने का दर्द।

काश मै तुझे समझा पाती,अपनी खामोशी का दर्द।।

मगर अफसोस ये दर्द एक राज ही बनी रह गई।

काश मै दिखा पाती आँखो में भरी आँसु की बुंदे।।

काश मै सुना पाती अपनी बन्द लव्जों की वो बाते।

मगर अफसोस ये आँखे ये लव्जें।।

वेजुवान ही रह गया।।

आखिर ऐसा क्यू होता,

क्यु दिल की बातें जुवान पे नही आता।

काश हमेशा काश ही रह गया।।

काश तुम समझ पाते मेरे।

चुप्पी भरी निगाहों की राज।।

पर अफसोस ये चुप्पी जिन्दगी भर के लिए।

खामोशी बन कर रह गया।।

****

52.

जिन्दगी में हँसने के अलावा मैने कुछ चाहा नही।
गम तो हजार मिले फिर भी सिसका नही।।
शिकवा नही,न शिकायत है मुझे इस जिन्दगी से।
क्योकि मालूम है जिन्दगी की कुछ उसुल है।।
जिन्दगी का सुख-दुखः दो पहलु है।
वक्त के साथ ये चलता है।।
गमों में भी ये मुस्कुराना सिखाता है।
कोई इसे पहचाना नही।।
जिन्दगी सुख-दुखः का साथी बनके हमें जीना
सिखाता।
फिर भी बदलें में इसने कुछ माँगा नही।।
जिन्दगी में हँसने के अलावा मैने कुछ चाहा नही।।।

****

53.

तुने बिन बताये मुझे क्यू छोड़ गयें।
ऐसा क्या कसुर था जो मुँह फेड़ गये।।
थोड़ा तो बताते यु राह न मोड़ते।
ये जिन्दगी माना मेरी अकेले की थी।।
मगर यू जिन्दगी के सफर में अकेला ना छोड़ते।
खाये थे हमने जीनें-मरने की कसमें।।
फिर क्यु जीना दुस्वार कर गये।
तुने बिन बताये मुझे क्यू छोड़ गयें।।
वो वक्त वो दिन वो लम्हें माना तुम्हारी नही।
फिर क्यु इसे यादों के नाम दे गयें।।
ऐसा क्या कसुर था जो मुँह फेड़ गये।
चलो अब मान भी जाओ।।
मेरे इंतजार का एक आस दे जाओ।
ऐसी भी क्या जिद्द है तेरी।।
इतना ना मुझे तरपाओ।
लो मान लिया मै कसुर-वार हूँ।।
तो मेरी गुनाहों का सजा सुनाऊ।
माना कि मुझसे भुल हो गयें।।
पर इस भुल से मुझे ,क्यू तुम भुल गये।
तुने बिन बताये मुझे क्यू छोड़ गयें।।
ऐसा क्या कसुर था जो मुँह फेड़ गये।।।

****

54.

धीरे-धीरे खुदा के दर पे गया था।
नन्हें-नन्हें पाँव से उनके दर पे चढ़ा था।।
सोचा था स्वर्ग के बारे में पूछ लूँ।
हल्के से आवाज में मैने पूछा था।।
ओ खुदा , ये स्वर्ग कहाँ है।
जमी तो तुने दिखा दिया।।
ये खुशीयाँ और जन्नत कहाँ है।
खुदा ने मुस्कुराया,
मुझे धीरे-से धक्का दिया मै डर सा गया।
फिर क्या माँ की गोद में गिरा पड़ा था।।
मैने मुस्कुराया खुद को शुकुन पाया।
फिर सारे सवालो का जवाब मिल गया।।
खुदा नें इशारो में ही स्वर्ग को दिखा दिया।
माँ का गोद को ही स्वर्ग,जन्नत और
दुनिया का सारा खुशियाँ का दर बता दिया।।
धीरे-धीरे खुदा के दर पे गया था।
नन्हें-नन्हें पाँव से उनके दर पे चढ़ा था।।।

****

55.
(मिलके भी जुदाई क्यू?)

इतने करीब हूँ फिर भी जुदाई क्यू।
इतने पास आ के फिर दुरी क्यू।।
शायद हमारी मुलाकात नसीब में नही।
फिर इतने तरप मेरे/इस दिल में क्यू।।
इतने करीब हूँ फिर भी जुदाई क्यू।
सोचा था मिल के दर्द बाँट लुँगी।।
अपनी खुशी तेरे नाम कर दूँगी।
वर्षो हो गये थे तेरे आवाज सुने।।
सोचा था तेरे आवाज को दिल में वसा लुँगी।
ना जाने इतने आँसु मेरे/इन आँखों में क्यू।।
तुझसे मिलने की तरप इस दिल में क्यू।
इतने करीब हूँ फिर भी जुदाई क्यू।।
वक्त का इंतजार कर के थक गई थी।
मिलने के बाद भी हमारी जुदाई थी।।
अजीब नसीब है हमारा।
तुझे चाह कर भी देख कर मुकर गई थी।।
इतनी चाह इस दिल में क्यू।
तुझे अपना कह कर भी मेरी तेरी नजरें पराई क्यू।।
इतने करीब हूँ फिर भी जुदाई क्यू।
इतने पास आ के फिर दुरी क्यू।।

****

56.
(तुम मुझे जुदा होने को कहते क्यू हो)

तुम इतने खफा क्यू हो,

वेबजह मुझसे नजर फेरे क्यू हो।

माना कि मै तेरे काबिल नही,

चाहत मेरे नसीब में नही।

तुम मुझे जुदा होने को कहते क्यू हो,

तुम इतने खफा क्यू हो......।।

माना तुम मेरे बगैर जी सकते,

मगर मै एक पल नही जी पाऊँगी।

तुम मेरे हाथों कि लकिरो में भलें नही हो,

मगर मेरे दिल से तुझे खुदा भी नही निकाल पायेगी

क्यु तुम इस प्यार को मजाक समझते हो,

तुम इतने खफा क्यू हो......।।

जिन्दगी से बढ़कर तुझे माना है,

प्यार क्या होता तुमसे ही जाना है।

भले तुम मुझे प्यार ना करो,

पर अपने से जुदा मत करो।

क्या भला कोई जिन्दगी से दुर रह पाया है,

क्यु मेरी खामोशी को नही पढ़ते हो।
तुम इतने खफा क्यू हो......।।

हर बात नही कहती तो कभी आँखे भी पढ़ लो,
मेरी खामोश लफ्जे क्यु है कभी इसे भी जान लो।
लो मान लिया मैने कभी इजहार नही किया,
पर तेरी दुरी से मेरी बेचैनी को भी समझ लो।
क्यु इतना मुझे तरपाते हो,

तुम इतने खफा क्यू हो......।।

****

57.
(रिमझिम वर्षा)

हे प्रभु अब ज्यादा ना रूला,

रिमझिम-रिमझिम अब बारिश की बुंदे बरसा।

काँप रही है धरती-अम्बर,

अब बहुत हुआ प्रभु इतना ना जला।

तेरी इस रौशनी से जल गये है, हरे पेड़ पौधे;

जल रही है खेंतो खलियानें,

हे प्रभु अब इतना ना सता,

सुखार की नौवत ना दिखा।

नदियाँ,पोखर,तालाबें सुखें पर रही है,

पशु-पक्षी प्यासे तरप रही है,

हे प्रभु ये कैसा तेरा इन्तेहान है।

बुंद-बुंद को तरस रहा अनाज व इंसान,

प्रभु अब खत्म कर ये जिद अपनी,

पुकार रहें हैं तुझे बच्चे व वृद्ध,

प्यासे ना मार उन्हें प्रभु।

त्राहिमान-त्राहिमान करने लगे,

हे प्रभु अब ज्यादा ना तरसा।

नन्हें-नन्हें पशु-पक्षी व बच्चे-वृद्ध से ,

अपनी लाज बचा;

हे प्रभु अब ज्यादा ना रूला।।

****

58.
(Father's Day)

मेरी हर मुश्किलों में खड़े हैं वो,
मेरी गलतियों पे भी चुप हैं वो।
माना कि वो सामने नहीं,
मगर मेरी परछाई बनके चलते हैं वो।
वो मेरे पापा हैं....।।

लेकिन मुझे अपनी जान समझते वो,
मेरी हर मुश्किलों में खड़े हैं वो।
मेरी गलतियों पे भी चुप हैं वो....।।
बारिश में छाता और धूप में छाया बन जाते,
हो अगर कभी उदास दो नैना मेरी,
तो अपनी यादों से मुझे हँसाते।
माना कि वो पास नही आतें,
मगर यादों की सुबह शाम बनकर रहते वो।
वो मेरे पापा हैं.....।।

लेकिन मुझे अपनी जान समझते हैं वो,
मेरी हर मुश्किलों में खड़े हैं वो।
मेरी गलतियों पे भी चुप हैं वो....।।
कभी कभी बेहद रोती जब याद आते वो,
कभी कभी चीखती चिल्लाती जब देखे नही तो।

काश वो दुर ना होते मुझसे ,
ये सोच सोच कर खुद में ही सिमट जाती।
कभी कभी एहसासों से उनको अपने पास पाती,
माना कि वो लौट नही सकते,
पर महसूस करके लगता हरवक्त साथ है वो।
वो मेरे पापा है.....।।

लेकिन मुझे अपनी जान समझते वो,
मेरी हर मुश्किलों में खड़े हैं वो।
मेरी गलतियों पे भी चुप हैं वो....।।

****

59
(तेरे इन्तजार में खामोश बैठी हूँ)

क्यो मै इस बात से खोई हूँ।
तेरे इन्तजार में खामोश बैठी हूँ।।
माना कि तुम्हें मेरी याद नही आती।
फिर क्यु मै तेरी यादों में तरसती हूँ।।
क्या कसुर था मेरा जो तन्हा छोड़ गये।
क्यों मेरे प्यार को अधुरा कर गये ।।
जाने दो मुझे ये इन्तजार मंजुर है ।
मुझे अपने प्यार पे विश्वास है।।
तुम एक दिन जरूर लौट आओगे।
शायद यही उम्मीद लगाये बैठी हूँ।।
क्यों मै इस बात से खोई हूँ।।।

****

60.
(सबसे पहले माँ पिता फिर हो तुम)

आपकी छाया हूँ माँ मै।
आपकी काया हूँ माँ मै।।
मेरी जग की जननी हो तुम।
मेरी आत्मा हो तुम।।
सब कहते भगवान को नही देखा,
उस पहेली की जवाब हो तुम।
हे प्रभु क्षमा करना,
सबसे पहले माँ-पिता का आशिष लूँगा।।
फिर आओगे तुम।
आपकी छाया हूँ माँ मै......।।
लाड प्यार से पाला है मुझे।
अपनी जिन्दगी समझा है मुझे।।
खुद भूखी रह जाए मगर,रोटी का
हर टुकड़ा पहला खिलाया है मुझे।
तु ही बता कैसे तेरा नाम जपु।
हे प्रभु क्षमा करना,
सबसे पहले लवों से माँ पिता कहूँ।।
फिर आओगे लवों पे तुम।
आपकी छाया हूँ माँ मै।
आपकी काया हूँ माँ मै।।

****

61.

(तु इन्सान नही)

तु इन्सान नही फिर भी बहुत समझदार है,

तेरी भाषा इन्सान समझे नही लेकिन,

तु इन्सानों की भाषा बेखुबी समझती है,

तु इन्सान नही फिर भी बहुत समझदार है।

इन्सान समझदार होके भी ना समझ है,

तु एक जानवर होके भी तुझमें समझ है,

इन्सान वफादार हो या ना हो लेकिन,

तु इन्सानों से ज्यादा वफादारी निभाती है।

भले दुनिया तुझे जानवर कहें ,मगर

तेरा दिल साफ होता है,

और जिसे दुनिया इन्सान कहे,

ना जाने उसका दिल क्यों कठोर होती है।

तु इन्सान नही फिर भी बहुत समझदार है।।

****

62.
(ना जाने क्यु)

ना जाने क्यु डर लग रहा है,

आज मेरा दिल मुझसे ही बिछड़ रहा है।

ना जाने क्यु आज बेहद याद आ रहा है,

मेरी हर लम्हें आज गुम हो रहा है।

काश मै उसे रोक पाती ,

अपनी तकदिर बदल पाती,

क्यों वो मुझे तन्हा छोड़े जा रहा है,

ना जाने क्यु डर लग रहा है।

कैसे नसीब को बताऊ,

उसके बेगैर जीना मुश्किल हो रहा है।

काश मै उसे दिल-ए-हाल सुना पाती,

उसके जाने से दिल धड़कना भुल रहा है।

ना जाने क्यु डर लग रहा है।।

****

63.

ओ पापा मुझे धरती पे अब नही आना,

ये संसार में दुस्कर्म बढ़ गये है।

मुझे इस संसार में नही रहना,

यहाँ के लोग इंसान नही दरिंदें है।

प्यासे जल के नही खूनों के हैं।।

ओ पापा मुझे जानवरो के दुनियाँ में नही आना,

ओ पापा मुझे धरती पे अब नही आना।

कितने बहु-बेटियों को इसने नोचा है;

कितनो को जिन्दा दफनाया है।

भूल गये संस्कृति,सम्मान,सभ्यता ये लोग,

बड़े खतरनाक हो गये हैं ये लोग।

हर लड़कियों को खिलौना समझा है;

ओ पापा मुझे इसके नजदिक न जाने देना,

ओ पापा मुझे धरती पे अब नही आना।

चलो ठीक है पापा मै आऊँगी,

मुझे कभी खुद से दुर मत करना।

माँ की आँचल में रखना,

औरो की तरह मुझे मत बनाना;

ओ पापा खुदगर्ज की शिक्षा मत देना।

सभी को सम्मान देना सिखाना,

ओ पापा मुझे धरती पे अब नही आना।।

****

64.
(कोशिश तो हजार की)

कोशिश तो हजार की,

मगर रोक नही पाई।

तेरी जुदाई कि आँसु पी नही पाई।।

जब जाना ही था मुझसे दुर,

तो पास नही आते।

तेरी नजदिकियों को भूला नही पाई।।

कोशिश तो हजार की,

मगर रोक नही पाई।

कितनी मोहब्बत थी मेरे,

नाजुक से दिलों में।

उसें तुमने ठुकरा दिया।।

काश जान पाते मेरी तरप को,

जो मैने तुझे इजहार नही कर पाई।

कोशिश तो हजार की,

मगर रोक नही पाई।।

****

65.

(क्यु आप छोड़कर चले गयें)

क्यूं आप छोड़कर चलें गये।

क्यु अपना साथ छोड़ गये।।

क्या जरूरी थी जो कच्ची,

उम्र में गिरते छोड़ गये।

सच्ची में पापा आप हमें,

आज बेहद रूला गयें ।।

एक बार तो मुड़कर देखा होता।

कितना चिखी-कितना चिलाई,

क्यु मुझे रोता छोड़ गये।।

बचपन की प्यारी-प्यारी यादे,

क्यु सिमट के रह गये।

सच्ची में पापा आप हमें,

आज बेहद रूला गयें ।।

माँ ने मुझे समझाया है।

दिल से गले लगाया है।।

कह गये थे माँ से लौट आओगे।

क्यु झुठा वादा कर गये।।

सच्ची में पापा आप हमें।

आज बेहद रूला गयें ।।।

****

66.
(मै चाँद तक जरूर पहुँच जाऊँगी)

मै चाँद तक जरूर पहुँच जाऊँगी,

ये सपना है तो क्या हुआ,

एक दिन हकिकत दिखाऊँगी।

फर्क नही पड़ता इस दुनिया वालों से,

जो खुद कि नजर में गिर पड़ें है,

वो क्या मुझे उठायेगें,

विश्वास है मुझे मै खुद,

सम्भल कर आगें बढ़ जाऊँगी।

मै चाँद तक जरूर पहुँच जाऊँगी।।

सच कहता है दिल मेरा,

सफलता सभी को नही मिलती,

मगर जो मेहनत को अपना समझे ले,

उसे कभी सफलता निराश नही करती,

जुनून कहो या पागलपन यही मेरा सपना है,

मै एक दिन जरूर कामयाब हो जाऊँगी।

मै चाँद तक जरूर पहुँच जाऊँगी।।

****

67.

तु भी जान है हमारा भाई।
ये तिरंगा भी शान है हमारा भाई।।
जा रहा शरहद पे लड़ने,
लाज बचाना मेरी राखी का भाई।
कोई कह ना दे तुझे देशद्रोही।।
कही लुटा ना देना,
शान-शौकत देश की हमारी।
फक्र है मुझे तुझ पे,
लाज बचायेगा तु भारत माँ का भाई।।
तु भी जान है हमारा भाई।
ये तिरंगा भी शान है हमारा भाई।।।

****

68.
(उर्वशी-अप्सरा की खुबसुरती)

कितनी रहस्य की बात होगा,
स्वर्ग की अप्सरा उर्वशी का बहुत बड़ा राज होगा।
उसकी खुबसुरती के आगे देव लोक घायल था,
ना जाने किस मिट्टी से उसे नवाजा था।

यकिनन वों मिट्टी खास होगा,
कितनी रहस्य की बात होगा।
अँधेरी रात्री की वो जलती हुई रौशनी है,
एक बार देख ले जो उसे नजर से ।

तो दुनिया की हर चीज फिकी है,
ना जाने किस हीरे की चमक से ,
उसके अंग अंग को रचा है।
यकिनन वो हीरा कोहिनूर होगा,
कितनी रहस्य की बात होगा।

देवताओ की प्रियतमा भी जलती थी,
उर्वशी की रूपों से।
जल,वायु,अग्नि,पत्थर,सभी समर्पित थे,
उस अप्सरा के आगे।

अजीब हलचल थी देव-लोक में,
सब का मन मोह ली थी उस मोहिनी नें।
ना जाने किस इत्र की खुश्बु है उसमें,
यकिनन वो इत्र बेहद खुश्बुदार होगा।
कितनी रहस्य की बात होगा।

****

69.

(नन्हीं सी तु गुड़िया मेरी)

एक नन्हीं सी परी आज मेरे आँगन में आई,
उसकी खुबसुरती मानों खुदा ने,
बड़ी फिरकतों में बनाई।
एक नन्हीं सी परी आज मेरे आँगन में आई।।

उसके आँखो की चमक जैसे
सूरज की पहली लाली हो।
उसके होठों की रंग मानो जैसे
कमल की पंखुड़ियाँ हो।

जब-जब देखु उसके चेहरे को लगता जैसे
चाँद की चाँदनी जमी पे आई।
एक नन्हीं सी परी आज मेरे आँगन में आई,
खुदा का वों मानो एक रूप हो।।

वो परी नही कोई अप्सरा हो।
उसके हँसी में फूलों का खुश्बू हो।
उसके आवाज में मानों जैसे,
कोई कोयल की वाणी हो।

जब से आई वो आँगन मेरी,
चारो तरफ खुशियाँ ही खुशियाँ छाई।
एक नन्हीं सी परी आज मेरे आँगन में आई,
रब करे ये परी हमेशा हँसती खिलती रहें।

यही दुआ मेरे दिल से आज निकल आई,
एक नन्हीं सी पड़ी आज मेरे आँगन में आई।
We Love You Princess

****

70.

(भूलना)

चाह कर भी तुझे भुल नही पाई,
इतनी मोहब्बत हो गई की ,
चाह कर भी दिल को समझा नही पाई।
जा सनम तुने मुझे भूला दिया गम नही,
अपने हिस्से की खुशी लेके
आँसु दे गया कोई शिकवा नही।
काश तेरे बेगैर जीना सिख लेती,
पर तु कभी मेरे यादो से दूर गया ही नही।
शायद यही वजह से इन गिरते आँसु को,
आँखो में थाम नही पाई.......।

****

कभी-कभी हर मौसम सुहाना होता था।
लेकिन जवानी का नही,
बचपन का जमाना होता था।।
माना कि दिल तितलियों का दिवाना होता था।
मगर खाने कमाने के पिछे न भागना होता था।।

लाख थकावट होती थी उस पाॅव में,
पर माँ के आँचल में शुकुन की निन्द होता था।।
बारिस की मस्ती में नाव की कस्ती होता था।
लेकिन आज के मौसम जैसा मतलवी न होता था।।

रात में चाँद तारों की कहानी होता था।
मगर लड़ाई का कोई शाम न होता था।।
माना थोड़ा माँ-पापा का डाँट होता था।
पर आज के जैसा बड़ो पे,
ऊँची आवाज न होता था।।

रोते थे चिल्लाते थे फिर भी ,
माँ-पापा को मनाना आता था।।
पर आज के जैसा चुपके-चुपके न रोना था।।
कितना बदल गया सालो-साल ,
जो बचपन में होता था।।

प्यार तो बचपन में होता था।

पर जवानी तों प्यार के नाम से डरता था।

कभी-कभी हर मौसम सुहाना होता था।

लेकिन जवानी का नही ,

बचपन का जमाना होता था।

I miss you childhood

****

72.

तु ही मेरी पहली टीचर है माँ।

तु ही मेरी पहली ज्ञान है माँ।

तुझसे ही चलना सिखा,तुझसे ही पढ़ना माँ।

आज माँ-पापा आपसे,

सिखा सच झुठ का पहचान।

कैसे-कैसे आपने मुझे फिर कराया,

छोटे-बड़ों का मान सम्मान।

हिम्मत दिये-संस्कार दिए,

फिर दिए आपने अपने रूप का एक भगवान।

जिसने सिखाया दुनियाँ का ज्ञान।

हर भाषा का पाठ पढ़ाया,

फिर दिखाया मंजिल तक जाने का राह।

वो हमारे गुरू है, माँ।

जो आपने उपहार मे दिया, माँ।

सत्-सत् नमन करती माँ-पापा,

और अपने गुरू जी को।

जिसके आशिष से हुई मेरी दुनियाँ खुशहाल।

Happy teachers dey

****

73.
(सफर की दास्तां)

बेखबर है ये सभी,
कहाँ मंजिल है इन्हें पता नही,
नींद मे हैं फिर भी हैं जागे,
सपने पुरे होंगे भी इनका,इन्हें पता नहीं।
बेखबर है ये सभी.......
भटक रहें है राह-राह,
ना जाने किसकी तलाश में,
कुछ मिलेगा भी इन्हें अंदाजा नहीं,
एक रोटी,कपड़ा और मकान के लिए,
दर-दर ठोकर खाते हैं,
ये नसीब होगा भी,इन्हें मालूम नहीं।
बेखबर है ये सभी.....
कहाँ मंजिल हैं इन्हें पता नही......
सब्र तो है इन्हें, कुछ-ना-कुछ तो हासिल होगा,
ये अपनी उम्मीद हारते नहीं ,
एक डगर से दुसरे डगर जाते है ,
मगर अपनी मंजिल बदलते नहीं,
बड़ी कस-म-कस की जिंदगी जीतें है,
फिर भी जिन्दगी को कोश्ते नहीं।
बेखबर है ये सभी......
कहाँ हैं इनकी मंजिल पता नही....
****

74.

आज तेरे जाने से क्यु ये दिल उदास हैं।

तेरी जुदाई से क्यु ये आँखें नम है।

चाह कर तुझे रोक नही पाई

क्यु इस बात से लव खामोश है।

आज तेरे जाने से क्यु ये दिल उदास हैं।

कितनी कोशिश कि तुझे रोकने की

मगर कदम बढ़ नही पाई

चाह इतनी थी कि तुझे बता नही पाई

ये सोच के न जाने क्यु ये दिल उदास है।

****

75.

(आज की बारिश)

आज की बारिश में,तेरे संग भींग आऊँ।

आ मेरे करीब आज,सारी हदें पार कर जाऊँ।

ये मौसम भी रंगीन हो जायेगी,

ये दिन भी हँसीन हो जायेगी।

आ मेरे गलें लग जा,आज हर दर्द भूला जाऊँ।

आज की बारिश में तेरे संग भींग जाऊँ।

क्या शर्म,क्या लेहाज बेपनाह मोहब्बत कर जाऊँ,

आ आज इस बारिश की पानी में,

तन की आग बुझा पाऊँ।

ये बेहद आज गरजेगी, ये बेहद आज बरसेगी।

आ हाथो में हाथ थाम ले,आज हर दुरियाँ मिटा जाऊँ।

आज की बारिश में तेरे संग भींग जाऊँ।

आज का हर मौसम तेरे और मेरे लिए है।

ये बारिश ये हवाएँ कुछ नई-नई है।

आ आज एक दुजे में खो जाऊ।

ये साँसे भी थम जायेगी ये हवाएँ भी रूक जायेगी।

आ आज मै-तुम एक हो जाऊँ।

आज की बारिश में तेरे संग भींग आऊँ।

आ मेरे करीब आज सारी हदें पार कर जाऊँ।

****

76.

खुदा से यही दुआ करती हूँ।
आप सलामत रहो यही फरियाद करती हूँ।।
हर मनोकामना आपकी पुरी हो।
आपकी खुशी से बढ़कर कुछ और न माँगती हूँ।।
खुदा से यही दुआ करती हूँ।
हजार सपने होंगे,हजार उम्मीदें होंगे मेरे।।
मगर सपने-उम्मीदों में क्या रखा हैं।
बस आपका ही हर जन्म में साथ चाहती हूँ।।
खुदा से यही दुआ करती हूँ।
हे खुदा इस छोटी बहन की दुआ कुबुल करना।।
मेरे बड़े भाईया को सुबह-शाम,आज-कल,
महिनो-साल, मिनट-सकेंड
एक-एक पल में खुशिया देना।
और कुछ न तुझसे खुदा माँगती हूँ।।
खुदा से यही दुआ करती हूँ।
आप सलामत रहो यही फरियाद करती हूँ।।

****

77.
(तुम दरिंदे हो)

अरे ओ दरिंदे ,क्यु वेजुवानो को तरपा रहा।

अपनी तुच्छ शक्ति ,क्यु उसपे दिखा रहा।

तुम इन्सान नही राक्षस हो,

क्यु यें अपनी हकिकत बता रहा।

नफरत हो गई है तुम्हें देख कर,

नही फायदा कोई इन्सान बन कर।

अरे ओ पत्थर के इन्सान ,

क्यु अपनी अहमियत खो रहा।

अपनी हाथों से क्यु ,वेजुवानो का कत्ल कर रहा।

तु खुनी ,तु खुनी ,तु हत्यारा -हत्यारा।

क्यु इन मासुम जानवरों से ,

अपनी तारीफ करवा रहा,

अरे जा,तुझ जैसे इन्सान से तो अच्छा जानवर है।

क्यु अपनी इन्सानियत मिटा रहा ।

अरे ओ दरिंदे ,क्यु वेजुवानो को तरपा रहा।

अपनी तुच्छ शक्ति ,क्यु उसपे दिखा रहा।

भुखे-हो प्यासे हो तो,

मांस और खुन ही क्यु तरासते हो।

हरी सब्जियों दाल चावल को क्यु दुत्कारते हो।

अरे जा तुझ जैसे हैवानो से अच्छा पशु पक्षी है।

क्यु अपनी काबिलियत को चूर कर रहा,
अरे ओ दरिंदे ,क्यु वेजुवानो को तरपा रहा।
अपनी तुच्छ शक्ति ,क्यु उसपे दिखा रहा।

****

78.

खाये है हजार धोखे ,एक और सह लेगे।
तु खोई है किसी और की यादो मे ,
हम खूद को खो देंगे।
खाये है हजार धोखे ,एक और सह लेगे।
नफरत नही था मुझे मोहब्बत से,
अब नफरत भी सिख लेंगे।
तु किसी के सहारे जी रही ,
जा तुझ बिन हम अकेले जिन्दगी जी लेंगे
खाये है हजार धोखे ,एक और सह लेगे।
खाये है तो हजार कसमे-वादे,
सारे वादे भुला देंगे।
तु बेबफा है या नही मालूम नही,
पर तु बेवफा के लायक नही,
ये जरूर कहेंगे।
खाये है हजार धोखे ,एक और सह लेगे।
जा जी ले अपनी जिन्दगी हँसके,
पर उसे धोखा अब देना नहीं।
तेरी फिदरत क्या है, वह मै जानता।
सुन सभी को अपनी फिदरत बताना नहीं,
सब तुझे छोड़ देंगे।

****

मत पूछो कैसे गुजरे तुम बिन ये जिन्दगी।
न रात कटती थी न दिन,
बहुत उदास रहती थी मेरी ये जिन्दगी।।
मालूम नही क्यों छोड़ गए तुम मुझे तन्हा।
न रो पाती थी न हँस पाती,
हर पल तेरे इन्तजार में डूबी रहती थी ये
जिन्दगी।।
मत पूछो कैसे गुजरे तुम बिन ये जिन्दगी।
काश तुमने मेरे प्यार को जाना होता।।
तो यु न मुझे रुलाया होता।
वादे तो हजार किए थे तुमने,
काश वो वादें सच होता।।
तो यु न मेरा विश्वास टूटा होता।
तुम्हे क्या मालूम कैसे-कैसे,
सम्भाली हूं अपनी ये जिन्दगी।।
न कोई अपना है न कोई पराया।
वे वक्त तन्हाई में कटती ये जिन्दगी।।
मत पूछो कैसे गुजरे तुम बिन ये जिन्दगी।
न रात कटती थी न दिन।।

****

80.

एक सपना है मेरा जिसे मैं पाना चाहती हूं।
वो सपना नशा है मेरा,
जिसमे मै डूबना चाहती हूं।।
भाग रही हूं उतनी ही रफ्तार में।
जितनी रफ्तार में वो मेरे करीब आया था।।
जिन्दगी के इस टेढ़े मेढ़े सफर में।
उसे ही ढूंढ़ना चाहती है।।
एक सपना है मेरा जिसे मैं पाना चाहती हूं।
मालूम है कठिनाई बहुत है उस तक पहुंचने में,
मगर चलते ही रहूंगी।।
ठोकर भी खाऊंगी ,गिर के संभल भी जाऊंगी।
उसे ही मंजिल बनाना चाहती हूं।।
एक सपना है मेरा जिसे मैं पाना चाहती हूं।
वो सपना नशा है मेरा,
जिसमे मै डूबना चाहती हूं।।
चाहे जैसे भी हो उसे अपना बनाऊंगी।
इंतेफाक में मिला था कभी वो,
उसे हकीकत में लाऊंगी।।
न जाने क्यूं यही मेरा आखिरी जुनून है।
बस इस जुनून के सहारे,
उस तक जाना चाहती हूं।।
एक सपना है मेरा जिसे मैं पाना चाहती हूं।।।

****

81.

आज तुम मुझे तन्हा छोड़ गये,
कल मत आना किसी मोड़ पर साथ देने को।
आज मेरे हर सपने टुट कर बिखड़ गये,
कल मत आना मुझे समेटने को।

नही चाहती अब कोई एहसान मै,
हिम्मत नही कोई दर्द सहने को।
आज तुम मुझे तन्हा छोड़ गये,
कल मत आना किसी मोड़ पर साथ देने को।

एक वक्त था जब तुझे मुझ बिन,
कुछ अच्छा नही लगता।
एक वक्त आज है,जब तुम मुझे भूल गये।
वो दिन भी क्या दिन थे ,जब तु
मेरे बाँहो में रहना चहता था।

एक आज का पल है,जब तुम
अकेले जीना सीख गये।
अब क्या उम्मीद रखूँगी अपनों से,
जो वे वक्त रूला गये।

आज तुम मुझे तन्हा छोड़ गये,
कल मत आना किसी मोड़ पर साथ देने को।
मालूम है तुझे भी , मुझ सा कोई नही मिलेगा
फिर क्यु मेरा दिल तोड़ गये।

ऐसी भी क्या मजबुरी थी ,जो मेरी जगह
किसी ओर को दे गये।

कभी लौट कर अब मत आना ,
क्या बताऊ मेरे दिल तन्हाई से नाता जोड़ गये।
आज तुम मुझे तन्हा छोड़ गये,
कल मत आना किसी मोड़ पर साथ देने को।

****

82.

(तु कृष्णा है)

जहाँ प्रेम है वही तु कृष्णा है।
जहाँ गीत-संगीत है ,वही तेरी बाँसुरी की धुन है।।
कृष्णा तुझसे ही मधुर वाणी है।
तेरी प्रेमिका राधारानी है।।
तु बड़ा मनमोहन नंदलला है।
जहाँ प्रेम है वही तु कृष्णा है।।
तेरी श्यामला रंग की ये दुनिया दिवाना है।
तु अपने यशोदा मईया का राज दुलारा है।।
कैसे करू हर किसी से घृणा।
हर एक के अन्दर तेरी ही वासना है।।
जहाँ प्रेम है वही तु कृष्णा है।
वृंदावन की हर गोपियाँ राधा है।।
मधुवन में कान्हा तेरा ही बोलवाला है।
शाम-सवेरे सुरज की लाली हो या संध्या से पहले।।
मथुरा के हर मंदिर में तेरी आराधना व अर्चना है।
जहाँ प्रेम है वही तु कृष्णा है।।
कैसे तुझसे कोई अंजान है।
जहाँ प्रेम है वही तु कृष्णा है।।

****

83.
(गम भुला कर)

गम भुला कर हँसने की आदत डाल रही हूँ।
गिर कर-उठ कर फिर से,
चलने की साहस कर रही हूँ।
इतनी भी कमजोर नहीं ,
जितना लोगों ने समझ रखा है।

उसकी दिए हुए तकलीफ को भी,
अपना बना रही हूँ।
कही कह न दे तु जिन्दगी से हार गई,
उसके हर सवाल का जवाब ढूँढ़ रही हूँ।
गम भुला कर हँसने की आदत डाल रही हूँ।

बेवक्त ये तड़पाते है मुझे,
हर तरफ से नीचा दिखाते है हमे।
माना मै धन से अमीर नहीं,
मगर दिल की गरीब भी नहीं,
ये औकाद उन्हें समझा रही हूँ।

गम भुला कर हँसने की आदत डाल रही हूँ।
माना ये गलत है किसी को सताना,
मगर सही भी नहीं किसी का ,
बेवजह जुल्म सहना।

अपने आप को सही बताने वाले को,
बस जिन्दगी का आइना दिखा रही हूँ।
गम भुला कर हँसने की आदत डाल रही हूँ।

****

84.

तुझे मालूम नही वो तराजू क्यू रखती है।
हर बार तुझे वही गलत क्यू लगती है।।
बहुत धोखे खाई है मोहब्बत मे उसने।
क्या करे अब वो............. ।।
दिल लगाने से पहले सब उसकी हैसियत पूछा
करती है।
आज तेरे पास बैठे तो कुछ सुकून सा मिला।
ऐसा लगा पुरी दुनिया मे हुकूमत,
सिर्फ मोहब्बत का होने लगा।।
दिल नही करता तुझसे एक पल के लिए भी दूर
जाऊ।
तेरी जुदाई के नाम से भी मेरी जिंदगी मेरा साथ
छोड़ने लगता ।।

****

<h1 style="text-align:center">85.</h1>

(22-Nov.2019 जन्म दिन मुबारक हो मौसा जी)

दुआ है आप खुश रहें।

जहाँ भी रहे सलामत रहें।।

इतनी बड़ी नही मै जो आपको आशीर्वाद दु।

मगर खुदा आपको हजार आशीष देते रहें।।

दुआ है आप खुश रहें।

हर मन्नते पुरी हो आपकी,

आज ,कल महीने-साल

खुशियो से भरी रहे आपकी।

क्या दुआ करू मै,

बस यही कहूँगी सुबह-शाम आप मुस्कुराते रहें।

दुआ है आप खुश रहें।।

जन्म दिन मुबारक हो आपको तहे दिल से।

मिठास आपके जीवन में भरे रहें।।

दुआ है आप खुश रहें।

जहाँ भी रहे सलामत रहें।।

****

86.

रहने दे मुझे तुझमे उलझा सा,
सुना है सुलझने से सारे धागें अलग हो जाती है।
तुझे कैसे बताऊ तुझसे अलग हो कर जीना मुस्किल
है।
तेरा और मेरा रिश्ता जैसे दिया और बाती है।।

****

87.
(जिन्दगी की राह में अकेला)

गम इस बात का नही,तुम मुझे छोड़ गये।
गम तो इस बात का हो गया,
तुम किसी और की बातों में आ गये।
माना मुझे आदत थी तेरी,
फिर भी तुम तन्हा कर गये।

शायद तुझे पता नही ,
जिन्दगी भर का तुम आँसु दे गये।
मगर ये मत सोचना, मै रोती रहूँगी तेरी यादों में।
ये सोच तेरी गलत होगी,
किस्मत ने बहुत बड़ी सिख दी है।

गैरों पे क्या विश्वास करना,
यहाँ तो अपनें ही दिल तोड़ गये।
गम इस बात का नही,तुम मुझे छोड़ गये।
गम तो इस बात का हो गया,
तुम किसी और की बातों में आ गये।

जा जी अपनी जिन्दगी उनके साथ,
जिसने आपनो से दिल तोड़ना सिखाया है।
जहाँ विश्वास नही साहब ,
उन फरेवी से मैने आज नाता तोड़ लिया।
इंतिजार करूँगी उस दिन का,
जब तुझे अपनो की जरूरत होगी।

आज तन्हा जरूर हूँ मै,
कल जिन्दगी के भीड़ में तुझे तन्हा देखुगी।
गम इस बात का नही,तुम हर रिश्ते भूल गये।
गम तो इस बात का हो गया,
हर तरफ से देखु तो आज ,
तुम खुद से भी अकेला हो गये ।

गम इस बात का नही,तुम मुझे छोड़ गये।
गम तो इस बात का हो गया,
तुम किसी और की बातों में आ गये।

****

88.

दुसरो की परवाह करते करते ,
अपनी खुशी का पता भुल गया।
कब मै इन्सान से एक भरी ,
महफिल का जोकर बन गया।
दर्द मेरे इतने थे गुंज कर सुनाया तो,
लोंगो के तालियों ने उसे शायर बना दिया।
दुसरो की परवाह करते करते ,
अपनी खुशी का पता भुल गया।
दिल तो मेरे भी टुटे मगर,
अफसोस करना छोड़ दिया।
आँसु जब मेरे गिरे तो,मुझे शराबी बना दिया।
अपनो ने क्या खुब कहा,इसे दर्द कहाँ होता।
अब भला उसे कौन समझाये ,
दर्द को गले लगा कर ही जोकर बन गया।
क्या सुनाऊ अब खुद तो,
दर्द का तिजौरी बन गया।
मगर खुश हूँ ये सोचकर खुदा ने ,
दुसरों को हँसाने का खजाना दे गया।
दुसरो की परवाह करते करते ,
अपनी खुशी का पता भुल गया।

****

89.

कल रात मुझे आपने पापा से बात हुई,
उन्होंने कहा, तु कैसी है मेरी बच्ची।
ये सुन मेरी आँखें भर गई।
धिरे से शिश्की और मुश्कुराई और कहाँ ,
मै ठीक हूँ आप बताईये ।

कैसे हमारी याद आज आई।
वो खामोश रह गये ये सुन कर,
और कहें नाराज हो मुझसे क्यू।
मेरी याद से तुझे खुशी नही हुई।।

कल रात मुझे आपने पापा से बात हुई।
खुश हूँ बस थोड़ा उदास हूँ।।
ये जालिम दुनियाँ से थोड़ा घबराई हूँ।
पापा कैसे कैसे दरिंदे पलते है यहाँ पे,
क्यू जानवरों के बीच मैं रहती हूँ।।

क्या कुसूर है हमारा क्यू पापा,
ये लड़कियों को अपना शिकार बनाते है।
यही सब देख कर अपने आप को कोश्ती हूँ।।
.....पापा आप कहते हो......
तु बेटी मेरी नाजुक है क्यू पापा,

मुझे लड़ना नही सिखाऐ।
आप कहते तु भोली भाली मेरी आँगन की कली है।
क्यू पापा मुझे काँटों पे चलना नही सिखाऐ।।
आपको कैसे बताऊ यहाँ हर लड़कियाँ असुरझित है।
क्यू पापा मुझे कलम के बदले तलवार नही दिए।।

चार दिवारी मे रह कर भी काँपती हूँ।
कल रात मुझे आपने पापा से बात हुई।।

****

90.

अपनी ओर आने से मत रोक मुझे,

ये मौसम बहुत सुहाना है।

खुद के करीब आने दे मुझे,

मै जानती हूँ तुझे भी मुझसे मोहब्बत है।

यू न इस मोहब्बत से दुर कर मुझे,

अपनी ओर आने से मत रोक मुझे।

ये हवाएँ गुदगुदा रही है मुझे,

ये घटाएँ भींगा रही है मुझे,

अजीब सी हलचल हो रही है सीने में,

खुद में यु समां लो मुझे।

अपनी ओर आने से मत रोक मुझे।

ये बारिश की बुंदे मानो जैसे तन को छु रही है ,

इसकी बुंद बुंद से एक आग सी लग रही है।

आ धीरे से बाहों में भर ले मुझे,

यू ना तन्हा छोड़ मुझे।

अपनी ओर आने से मत रोक मुझे।

क्या डरना क्या शर्माना,

ये मोहब्बत है जिसमें हद से यू गुजर जाना,

देख यू ना फेर नजरें मुझसे।

अपनी नजरों से उतार ले अपने जिश्म तक मुझे,

अपनी ओर आने से मत रोक मुझे।

****

91.

सच कह डाला लेकिन अब डर लगता है।
कट जायेगा मेरा भी सर लगता है।।

अब तक जो पाया सब झुठा सपना था।
इक दिन आँखे खुल जाने से डर लगता है।।

मुद्दत तक घुटता है इन दम दिवारों में।
जाने कब अपना शमशान ही घर लगता है।।

धीरे-धीरे आदत सी लग जाती है।
दुख अब अपना ही साथी लगता है।।

जिसने सुखों को ऊँचाई से देखा हो।
उसने अपना ही कद ऊँचा लगता है।।

कब जाने ये जिन्दगी छुट जाये।
अब तो अपना-अपना ही बेगाना लगता है।।

****

92.
(गिर कर)

गिर कर भी संभल गई ।
आज तेरा साथ पाकर फिर से मै खिल गई।।
जब लोग कहते थे आज क्या हो गई।
तुने हाथ क्या थामा मेरी दुनिया ही बदल गई।।
गिर कर भी संभल गई।
माना मैं उड़ता हुआ पंक्षी थी।।
दुनिया ने पड़ काटी और उसे घमंड आ गई।।
मुझे फर्क नही पड़ा फिर से व मुझे पड़ मिल गई।।
कैसे-कैसे उन दिनों,मै दिन काटी
ये सोच कर मै उलझ गई ।
पर गम नही,अब तेरे हौसले से
फिर से आज निखर गई।।
गिर कर भी संभल गई।
नफरत नही मुझे दुनिया वालों से,
वो अपनी असली रूप दिखा गई।।
माना बेहद रूलाया इसने मुझे,
मगर आज तेरे एक मुस्कान से ,
मुझे भी हँसना आ गई।
गिर कर भी संभल गई।।

****

93.

किसी ने क्या खुब सिखाया मुझे।
दो लव्जों में पूरी जिन्दगी जीना सिखाया मुझे।।
नादान थी मै इस बात से,
मगर पढ़कर ऐसा लगा ।
शायद मेरे लिए ही सोचा हो उसने।।

Your success is only
limited
By your own imagination
and your own
hard work

कोशिश और भी बढ़ गई मेरी।
जिद्द पर उतर गई आज जिन्दगी मेरी।।
सफलता तो पाकर ही रहूँगी।
चाहे क्यु न मुश्किल हो राहें मेरी ।।

बेखौफ थी मै खुद से,
मगर किसी के हौसले ने ,
कदम को बढ़ा दिया मेरे ।
किसी ने क्या खुब सिखाया मुझे ।।

हद से उतर जाऊँगी मगर हार नही मानूँगी ।
वादा है मुझे खुद से पागल खुद को बना दुँगी।।
मेरी जो कल्पना है उसे पूरा करूँगी।
अब तक जो सोई थी ,
किसी की आवाज से जाग गई हूँ।।

न जाने क्या खुब जुनुन थे इसके इस बात में,
जिन्दगी भर के निंद उड़ा दिये मेरे ।
किसी ने क्या खुब सिखाया मुझे।।

****

94.
(ना जानें)

ना जानें हम कहाँ आ गये।

जिन्दगी कितनी खुबसूरत थी सब बदल गयें।।

पैसे-पैसों पे ही जिन्दगी चलने लगी।

अपने भी साथ देना भुल गयें।।

ना जानें हम कहाँ आ गये।

रिश्ते से बढ़कर पैसे हो गये।।

सारे अपनें पल में ही बिक गयें।

आखिर क्यों ऐसा होता है।।

अपनी हर जिन्दगी जहाँ के तहाँ रह गये।

ना जानें हम कहाँ आ गये।।

दिल के अमीर होने से क्या होगा।

यहाँ तो पैसों पे ही सभी पहचान हो गये।

अपने तो बहुत हैं यहाँ मगर,

सारे सिर्फ मजाक बनाने को रह गये।।

ना जानें हम कहाँ आ गये।

समझ नही आता है आखिर इन पैसों की,

ताकत तो देखो रिश्तों को तोल दिये।।

अपने भी कितनें खुदगर्ज थे।

इन पैसों के गुलाम और अपनों से मुँह फेर गये ।।

ना जानें हम कहाँ आ गये।

****

95.
26/01/2020

उन शहिदों को हमारा सलाम हैं।
वों गुजरे पल आज भी याद हैं।।
कैसे भूला दुँ वो खुन से लथपथ काया।
वों माँ से विछड़ना , सुनी गोद की माया।।

उन पलों से आज भी आँखे नम है।
उन शहिदों को हमारा सलाम है।।
रो पड़ी वो खनकती कंगन,
जैसे इन्तजार मानो खत्म हो गया।
लौट के सिर्फ जिश्म आई,
रूह वही कही गुम सा गया।।

क्या बीती होगी उस नयी नवेली दुल्हन पे।
खुशी के बदले मिला उसे गम है ।।
उन शहिदों को हमारा सलाम हैं।
ना समझ,नादान ,फूलों की तरह वो बच्चे,
चिख रहें थे चिल्ला रहे थे सोच नही पा रहे थे।।

जो हमें बिठाया था कंधे पे ,आज क्यु है वो कंधे
पे।
बिखड़ गये उसके खेल खिलौने,
टुट गए हर सपने पल में।।

अजीब खुदा की खुदाई है।
बेगुनाह को मिला ये कैसा अनजाम है।
उन शहिदों को हमारा सलाम हैं।।

****

96.

अब कुछ कर दिखाना है।
ये प्रण आज हमने ठाना है।।
सोचो ना अब कर चलो।
चारों दिशाओं में इसका ही झंडा फहराना है।।
पढ़ेगें पढ़ाएँगे गार्गी-ज्ञान चिल्ड्रेन'स अकादमी के,
बच्चों को ऊँचाई तक पहुँचाना है।
अब कुछ कर दिखाना है।।
आओ आज एक कश्में खाएँ।
एकता से हम सबको आगे बढाएँ।।
यही बच्चे हमारे कल के भविष्य है।
कुछ नया कर के ही रूकना है।।
अब कुछ कर दिखाना है।
Our school G-2 children's academy

****

97.

अजीब हालात हो गये मेरे।
हर रास्ते बन्द हो गये मेरे।।
समझ नहीं आता तुझे कैसे ढुँढ़ निकालू।
वेवक्त इन्तेहान लेते हैं ये जिन्दगी मेरे।।
अजीब हालात हो गये मेरे।
कमजोर नहीं हूँ मैं।।
बस हालात ने मजबूर कर दिया।
मजाक करती फिर रही हैं ये जिन्दगी।।
कितने बार ये ठोकर खिला दिया।
कैसे सम्भालू खुद को ये सोच के,
आँखें नम है मेरी।।
अजीब हालात हो गये मेरे।
समझ नही आता क्यूँ सब बदल गये।।
कभी कभी लगता हम खुद,
ये दुनिया से अलग हो गये।
ना यहाँ कोई अपना है ना कोई पराया।।
एक आस है जिसमें पुरी तरह से डुब गए।
क्या सोचे थे क्या हो गये ये किस्मत मे मेरे।।
अजीब हालात हो गये मेरे।।

****

चल आज कहीं से घुम आते है।
वो बचपन की यादे फिर समेट लाते है।।
बहुत दिन हो गये तेरे साथ बिताये पल।
चल आज उस गली में फिर से जाते है।।
चल आज कहीं से घुम आते है।
सोचा नही था बचपन यू पीछे रह जायेगी।।
जिसके साथ खेले कुदे,
वही खेल खेल में बिछड़ जायेगी।
चल आज फिर से वो खेल दोहराते है।।
चल आज कहीं से घुम आते है।
ये पल मुझे नही भाता,साथ तो सब है।।
बस बचपन की ही यारी हर वक्त सताता।
कहाँ खो गये उस लुका छिपी के खेल मे।।
क्यु वो बिता पल लौट के नही आता।
चल आज साथ साथ, हाथों में हाथ
लेके अपने बचपन के पल बुनते है।।
चल आज कहीं से घुम आते है।

****

99.
(पैसा को ही रिश्ता समझती)

पैसा-पैसा कमाते-कमाते ,
जिन्दगी की हर खुशी भूल गई।
जिन्दगी की भाग दौड़ में ,
अपनों की ही दिल से निकल गई।

अजीब हो गई जिन्दगी मेरी,
जो चाहा मिल नही पाया और
जो पाया उससे खुशी नही हुई।
पैसा-पैसा कमाते-कमाते ,
जिन्दगी की हर खुशी भूल गई।

आखिर क्यो इतनी बड़ी मजबूरी हुई,
अपने हजार थे फिर भी क्यु तन्हाई मिली।
माँगा ही क्या था,अपनो से साथ के अलावा।
क्यु बेवजह वो आँसु दे गई।

पैसा-पैसा कमाते-कमाते ,
जिन्दगी की हर खुशी भूल गई।
छोटी सी उम्र थी मेरी खेलने कुदने की,
उस उम्र में मानों पैसो की जंजीर मे बंद गई।

अपने हर सपनें को जैसे भूल कर,
दुसरो के सपने संजोने लगी।

क्या कुसुर था मेरा उस बचपन का,
रोटी-कपड़ा मकान के लिए पैसो,
को ही रिश्ता से बड़ा समझ गई।

पैसा-पैसा कमाते-कमाते ,
जिन्दगी की हर खुशी भूल गई।

****

100.

(सुबह क्या था)

तमन्ना नही मुझे अब,किसी को अपना कहने की।
बहुत दर्द हुआ है मुझे,इन अपनो की बातो से।।
कल क्या था मुझे मालूम नही।
मगर आज गम में ही अपने सामिल नही।।
तमन्ना नही मुझे अब,किसी को अपना कहने की।
क्या चाहा था क्या माँगा था।
उम्मीद नही थी गम मिलने की।।
खुशी और प्यार से पहले वाली,
मोहताज हो गई पल-पल की।
सुबह क्या था मुझे मालूम नही।।
मगर आज अँधेरी रात मे भी अपने सामिल नही।
तमन्ना नही मुझे अब,किसी को अपना कहने की।।
डर रही थी इस जमाने में चलने से।
मगर खुद को अकेला समझी नही।।
राहों पे पत्थरों के अलावा कुछ था भी नही।
आस पास दुश्मनों की आँखें भी थी गरी।।
घरो में अपने कौन थे मुझे मालूम नही।
मगर आज इस सुनसान गलियों में अपने सामिल
नही।।
तमन्ना नही मुझे अब किसी को अपना कहने की।।

****

101.

मैं हँसती हूँ तो संभलती हूँ।

मै नादान हूँ तो ही होशियार हूँ।।

अगर मै ज्यादा ना हँसु,

तो रोना हर पल लिखा है।

नादान ना रहूँ तो होशियारी ही मेरी सजा है।।

मैं हँसती हूँ तो संभलती हूँ।

मै नादान हूँ तो ही होशियार हूँ।।

चॉकलेट, बिस्कीट की रानी हूँ।

एक दिन भुखे रहूँ तो सो नही पाती हूँ।।

क्या करूँ ये आदत ही मुझे ,

जहर खाने से बचाती है।

वरना ये दुनिया मार देती, खाली पेट दर्द दे कर के।

कैसे कैसे खुद को संभालती हूँ।।

मैं हँसती हूँ तो संभलती हूँ।

मै नादान हूँ तो ही होशियार हूँ।।

मेरे नसीब में हँसी नही है।

आँसु ही आँसु शुरू से अंत तक है।।

टुटे फुल होकर भी खिल खिलाती है।

हजार ठोकर खा कर भी ,

चलने की क्षमता रखती हूँ।

अब कोई ना समझे मेरी एहसास,

तो मै अपनी गम यू न,

हर पल हर जगह बेचती हूँ।।

मैं हँसती हूँ तो संभलती हूँ।

मै नादान हूँ तो ही होशियार हूँ।।

****

102.

न खुश होकर भी खुशी लवों पे लाई हुँ।
कुछ खोकर भी कुछ पाई हुँ।।
सच्ची पापा, आपके जाने से,
जन्मदिन पर भी बेहद रोई हुँ।
न खुश होकर भी खुशी लवों पे लाई हुँ।।
माना कि न कोई उपहार मिलता था।
फिर भी आपकी लाडो को आपका प्यार होता था।।
बेहद खुश होती थी उस पल मै,
जब आपका आशिर्वाद सर पे मेरा झुमता था।
यही सब गुम जाने से आज तरपती हूँ।।
न खुश होकर भी खुशी लवों पे लाई हुँ।
सोच सोच के आज आँखे भर जाती है।।
हँसती खेलती दुनिया पल पल याद आती है।
आज माँ में पापा आपका चेहरे है।।
उसका ही चेहरा देख कर मै जीती हूँ।
न खुश होकर भी खुशी लवों पे लाई हुँ।।

****

जिन्दगी में अब तुझसे लड़ना चाहती हूँ।
तु मुझसे इन्तेहान ले और
मै तुझसे इन्तेहान लेना चाहती हूँ।।
माना कि तु मुझे हरायेगा,
मगर इतना जान ले अब,
तु भी मुझसे जीत नही पायेगा।
जिन्दगी मै अब रूकना नही चाहती हूँ।।
तु भाग मेरे पीछे मै अब तुझे भगाना चाहती हूँ।
जिन्दगी में अब तुझसे लड़ना चाहती हूँ।।
चाहे तेरा खेल दर्द का हो या खुशियों का,
दिल से खेलना चाहुँगी।
तु भी खेल मेरे साथ तुझे भी मजा चखाऊँगी।।
देख तु बुरा मत मानना ।
मै तुझसे हिम्मत पाना चाहती हूँ।।
तु दे मुझे चाहे हजार चोट,
मै तेरा दिया हर चोट खुशी से सहना चाहती हूँ।
जिन्दगी में अब तुझसे लड़ना चाहती हूँ।।

****

104.

क्यू आपको हर वक्त काम ही काम है।
क्यू आपको आराम नही है।।
क्या आपको नींद नही आती।
क्या आपको थकावट नही होती।।
क्यु आपका सुबह व शाम दोनो बराबर है।
क्यू आपको हर वक्त काम ही काम है।।
क्यू आपको आराम नही है।
माना कि देश की सेवा करना आपका फर्ज है।।
मगर ये फर्ज कैसा मानो जैसे कोई कर्ज उतारना
है।
ये देश तो हम सबका है फिर क्यु।
अकेला हर दर्द आपको सहना है।।
क्यु आपका जीवन ऐसा है।
क्यू आपको हर वक्त काम ही काम है।।
क्यू आपको आराम नही है।
कभी नेताओं की सेवा,तो कभी जनता की सुरक्षा।।
कभी बड़े बड़े दफ्तर में खड़े।
तो कभी कारखानों की रक्षा।।
कभी देश का भ्रमण करना।
तो कभी विदेश मे आना जाना।।
जहाँ जहाँ देखा जाए सिर्फ आपको ही भेजा जाता।
क्यु आपको कोई परिवार याद नही आता।।
क्यू आपको हर वक्त काम ही काम है।
क्यू आपको आराम नही है।।

ये देख कर मुझे अजीब सा लगता।
आज देश-विदेश में बीमारी फैली है।।
उसमें भी आपको हर गलियों में देखा जाता।
ये कैसी आपकी सेवा है।।
ये सेवा देख कर सचमुच मेरी आँख भर आता।
आज भी सलाम कल भी सलाम।।
खुदा से पहले आपका नाम।
मेरे वीर जवानों ये तो कम है।।
आपकी दास्तांन तो आपसे बढ़कर कोई नही
जानता।
आप सलामत रहों यही दुआ दिल माँगता है।।
क्यू आपको हर वक्त काम ही काम है।
क्यू आपको आराम नही है।।

****

105.

(कौन तन्हाई में मुस्कुराता है)

एक तेरा ही ख्याल है मेरे पास में,

वरना कौन तन्हाई में मुस्कुराता है।

एक तेरा ही आवाज है मेरे दिल में,

वरना कौन बेवजह खुद से बातें करता है।

माना तुम नहीं मेरे आस-पास,

मगर महसूस हर पल तुम्हारा ही होता मेरे सांसो

में,

वरना ये साँसे भला क्यु तुम्हें छूना चाहता है।

एक तेरा ही ख्याल है मेरे पास में,

वरना कौन तन्हाई में मुस्कुराता है।

एक तेरा ही चेहरा है मेरी आंखों में,

वरना कौन इस दुनिया में मेरा अपना है।

तुम्हें यकीन नहीं मेरे प्यार पे,

और मुझे भी शौख नहीं तुम्हें बताने में,

मगर मेरी यादों में सिर्फ तुम हो,

वरना क्यु ये आंसू आंखों को छोड़ जाता है।

एक तेरा ही ख्याल है मेरे पास में,

वरना कौन तन्हाई में मुस्कुराता है।

****

106.

मेरी जिन्दगी कैसी थी कोई बताएगा क्या ?
मै पागल थी या हो गई कोई बताएगा क्या ?
उस जिन्दगी , उस पल में क्या थी खुशी ,
या गम ही गम थी कोई बतायेगा क्या ?
मेरी जिन्दगी कैसी थी कोई बताएगा क्या ?

क्यु आज मै इतना अकेली हूँ ।
क्यु वेबजह मै खामोश हूँ ।।
क्यु रोशनी से भागती फिरती हूँ ।
ये अंधेरो से क्या नाता है मेरा,
कोई बतायेगा क्या ?

मेरी जिन्दगी कैसी थी कोई बताएगा क्या ?
खोफनाक सी आवाज क्यो रूलाती है मुझे ,
क्यो अपने आप से डरती हूँ मैं।
ये बंद कमरे ये चिखती दिवारे ,
क्यो उलझाती है मुझे ।।

आखिर क्या कहना है इसे कोई बतायेगा क्या ?
मेरी जिन्दगी कैसी थी कोई बताएगा क्या ?
ये दुनिया वाले कह रहे है मुझे पागल,
गम में हंसती हूँ खुशी में उदास हूँ।
क्या बताऊं उन्हें अपने हजार होते हुए भी,
सहारों के लिए भटकती हूँ।।
समझ नहीं आ रहा है मुझे,

अधूरी दास्तान है या हो गए मेरे खिस्से पूरे ।
कोई बतायेगा क्या ?
मेरी जिन्दगी कैसी थी कोई बताएगा क्या ?

****

107.
(या खुदा)

या खुदा क्या तू देख रहा है।
दुनिया में खेल अजीब हो रहा है।।
यह खेल बड़ा दर्दनाक है।
हजारों निर्दोष की मौत का पैगाम है।।
या खुदा ये क्या हो रहा है।
या खुदा क्या तू देख रहा है।।

मेरी नजरें तो कांप रही है।
नन्हे नन्हे बच्चे की तरफ देखी नहीं जा रही है।।
भूखे प्यासे छटपटाते हुए इधर उधर भटक रही है।
समझ नहीं आ रहा है।।
या खुदा क्या तू देख रहा है।

बुढ़ापे की लाठी बेमौत मर रहें हैं।।
ममता की आँचल चीख रहें हैं।
जाऊं तो जाऊं कहां देश-विदेश गांव शहर।।
गलियों चौराहे पर ये खेल हो रहा है।
या खुदा क्या तू देख रहा है।।

हर तरफ सन्नाटे हैं।
बस लाशों का ढेर पड़ा है।।
कैसे खत्म होगा यह खेल।
जो इंसानों ने खेला है।।

तबाही ही तबाही है यही दुनिया कह रहा है।
या खुदा क्या तू देख रहा है।।

अब और सहन नहीं होता हमसे।
बेकुसुरों की जान जा रही है।।
भगदड़ मच गई है दुनिया भर में।
क्या समझू तू ही बता ऐ खुदा।।
क्या कलयुग का अंत हो रहा है।
या खुदा क्या तू देख रहा है।।

****

108.

(तु मेरा शायर)

तु मेरा शायर, मै तेरी शायरी बन गई।
साथ साथ चलने वाली वो परछाई बन गई।।
तुझे उल्फत कहाँ मुझसे दिदार करने को।
थोड़ा थोड़ा मोहब्बत इजहार करने को।।
तु मेरा किस्मत,मै तेरी जिन्दगी बन गई।
तु मेरा शायर, मै तेरी शायरी बन गई।।
माना तू थोड़ा शर्मीला है ,
कहने से तेरा लव लड़खड़ाता रहता है।
ये चाहत तु छुपा छुपा के,
अपनी शायराना अंदाज में कहता है।।
ये मत समझना मैं नादान हूँ।
तेरे रूह रूह से वाकिफ हूँ।।
तू मेरा चाहत, मैं तेरी जुनून बन गई।
तु मेरा शायर, मै तेरी शायरी बन गई।।
तारीफ मत कर इतनी की झूमती हवा बन जाऊं।
क्यों कहता है सब से मैं चांद की चांदनी हूँ।।
मौसम मत समझ मुझे कहीं,
उड़ती घटा की तरह रुख ना मोड़ जाऊं।
तू मेरा नशा मैं तेरी जाम बन गई।।
तु मेरा शायर, मै तेरी शायरी बन गई।
साथ साथ चलने वाली वो परछाई बन गई।।
****

109.
(आज मौसम सुहाना है)

आज मौसम बड़ा ही सुहाना है।
यू समझो तुम्हें याद करने का एक बहाना है।।
क्या पल थे उन दिनों जब हम-तुम साथ थे।
अब तो बस तुम्हारे बगैर एक-एक दिन गुजारना
है।।
आज मौसम बड़ा ही सुहाना है।
जब जब यह हवाएँ चलती है।।
तुम्हारा नाम लेकर चिढ़ाती है।
अब ये उड़ती घटा को कौन बताये।।
आंखों से छलकते आंसू उसके इंतजार में बनाना है।
आज मौसम बड़ा ही सुहाना है।।
शाम की ढलती सूरज की लाली।
यू मेरे चेहरे की तारीफ कर जाती है।।
शर्म से झुकी आँखें ये कहती।
ये उनका नजराना है।।
आज मौसम बड़ा ही सुहाना है।
जैसे जैसे काली घनघोर रात्री आती।।
बस यही सवाल वो मुझसे पुछती है।
ये बता वो खुशनुमा चेहरा आयेगा।।
या बस तेरे टुटे दिल का झुठा दिलासा दिलाना है।
आज मौसम बड़ा ही सुहाना है।।

****

110.
(दिल करता है)

दिल करता है शराबी बन जाऊँ।

जब उसका याद आये मखाने की और मुड़ जाऊ।।

नींद नही आती रातो को मुझे।

करबट बदल बदल के कब तक रात बिताऊ।।

दिल करता है शराबी बन जाऊँ।

हाथ थाम कर छोड़ गये तुम।।

उन हाथों से एक जाम उठाऊँ।

लवों की शुरखियों को क्या बताऊँ।।

जाम का पहला घोट उसे भी चखाऊ।

दिल करता है शराबी बन जाऊँ।।

मेरे आँखों के छलकते बुंदो की राज।

कोई नही सुन पाता है।।

छलक जाते आंसू उस प्याले में जिसमें जाम होता है।

कब तक सुनाऊं टूटे दिलों की दास्तां महफिलों में।।

उस महफिल में इतने दिल के टुकड़े हैं।

कि हर राज गजल बन जाता है।।

यही सोच कर क्यों ना खामोश हो जाऊं।

दिल करता है शराबी बन जाऊँ।।

****

111.
(खो गई मैं)

खो गई कहीं मैं तेरी आवाज में।
अपना सा लगने लगा तेरी हर बात में।।
अजीब हलचल हो उठी मेरे दिल में।
कहीं हो न जाए मोहब्बत पहली मुलाकात में।।
खो गई कहीं मैं तेरी आवाज में।

ये हवाएँ ये घटाएँ क्यु मन को चंचल कर रही है।।
ये बारिश की बूंदे ये मौसम की बहार,
क्यु दिल को टटोल रही है।
कहीं खोल ना दे,मेरे दिल में छुपे हर राज को।
खामोशी भी बढ़ा रही बेताबी दिल में।।
खो गई कहीं मैं तेरी आवाज में।

क्यु रातों की नींदे उड़ गई मेरी।।
हर वक्त ख्यालों में आता है वो मेरी।।
अजीब तरप हो उठी है मुझे खुद में।
समझ नहीं आ रहा है,ये कैसी प्यास जागी है दिल
में।।
क्यों उलझी हूँ मैं अपने दिल में।
खो गई कहीं मैं तेरी आवाज में।।

दिल-ए-हाल सुनाना इतना आसान तो नहीं।
मोहब्बत पूरा हो जाए ये मुमकिन तो नहीं।।
माना ये पागल दिल मेरा थोड़ा बेकाबू हो गया।।

ना जाने ये दिल क्यु प्यार में खो गया।
डर लगता है कुछ कहनें में।।
खो गई कहीं मैं तेरी आवाज में।

****

112.
(ये कैसा दस्तूर)

आज मौसम के रंगीन होते हुए भी,

मेरी दुनिया बेरंगीन सी लगती है।

चारों तरफ के नजारे हसीन होते हुए भी,

अपनी जिंदगी विरान सी लगती है।

ये कैसा दस्तूर है जिंदगी का,

कभी खुशी तो कभी गम ही गम दे जाती है।

बागों में फूलों की क्यारी खिलते हुए भी,

चेहरे पे मेरी उदासी छाई हुई रहती है।

आज मौसम के रंगीन होते हुए भी,

मेरी दुनिया बेरंगीन सी लगती है।

ये सुहानी हवाएं ये मनमोहक फिजाएं होते हुए भी,

लबों पे जैसे खामोशी सी बरकती है।

घनघोर घटाएं बूंद बूंद बारिश की फुब्बारें होते हुए

भी,

ये नैना मेरी आंसुओं से झिलमिलाते रहती है।

ये कैसा दस्तूर है जिंदगी का,

कभी खुशी तो कभी गम ही गम दे जाती है।

गरजते बादल गूंजते हुए पानी की बौछार होते हुए

भी,

हर वक्त मुझे तन्हाई सी लगती है।

आज मौसम के रंगीन होते हुए भी,

मेरी दुनिया बेरंगीन सी लगती है।।

****

113.
(कौन है वो जो सपनों में आया है)

ये दिल अब धड़कने लगा है।
कोई अंजाना चेहरा आंखों पर छा गया है।।
बिना देखे ही ये दिल उसपे आ गया है।
कौन है वो जो सपनों में आया है।।
बिना कहे उसके हर बात ये दिल सुन लेता है।
उसकी एक मुस्कान हर राज खोल देता है।।
क्यों वह शख्स इस दिल में समाया है।
कौन है वो जो सपनों में आया है।।
चाहत उससे मिलने को होता है।
वह अजनबी मुझे अपना सा लगता है।।
यकीनन मेरी मोहब्बत ने उसे अपनाया है।
कौन है वो जो सपनों में आया है।।

****

114.
(हमें नहीं आता)

हमें नहीं आता दर्द का दिखावा करना।
गम में भी आदत है मुझे हंसना।।
माना आज कोई साथ नहीं तो क्या।
हमें नहीं आता अपनों को ठुकराना।।
हमें नहीं आता दर्द का दिखावा करना।
पराए तो पराए ही रहेंगे।।
हमें नहीं आता दिल लगाना ।
चले ही अकेले तो चलते ही रहेंगे।।
लोगों की तरह हमें नहीं आता रुकना।
हमें नहीं आता दर्द का दिखावा करना।।
ये सपने एक भ्रम है।
जो हकीकत है वही सब सत्य है।।
हमें नहीं आता झूठी दिलासा दिलाना।
ये दुनिया मतलबी है,यहां नफरतें पलती है।।
हमें नहीं आता प्यार में धोखा देना।
हमें नहीं आता दर्द का दिखावा करना।।

****

115.
(आज तुम कुछ लिख दो)

आज तुम कुछ लिख दो।
मेरी अल्फाज तो हमेशा सुनते।।
आज अपनी सुना दो।
प्यार बेवफाई तो सब ने किया।।
तुम कुछ अनोखा कर दो ।
आज तुम कुछ लिख दो ।।
गजल हो या शेरो शायरी ।
इन अल्फाजों में बयां कर दो ।।
उल्फत तुम्हें चाहे जितनी हो मुझसे ।
थोड़ा तो जाहिर कर दो ।।
आज तुम कुछ लिख दो ।
तारीफ इतना करो चांद भी मुझसे शर्मा जाए ।।
जुल्फों को काली रात नैना को सागर कह दो ।
खामोश रहकर दूरियां सहकर इतना ना बेचैनी दो ।।
मालूम है इतना खूबसूरत तो नहीं मैं ।
फिर भी कुछ अल्फाज कह दो ।।
आज तुम कुछ लिख दो ।
****

116.

(अल्फाज लवों की)

ये शेरो शायरी तो बस ,
दिल बहलाने का एक तरीका है।
वरना वह कौन शख्स हो सकता ,
जो दिल-ए-हाल कोड़े कागज पर बयां कर दे।
यह जिंदगी तो बस नाम की है,
वरना हकीकत तो सब जानते हैं।
जितना लोग जिंदगी से डरते हैं उम्र भर,
मौत तो पल में सिसकियां देकर निकल जाती।
मेरी हंसी पर दुनिया कहते ,
ये गम को नहीं जानती।
अरे वो गालिब तू ही बता ,
क्या चेहरे पर गम लिखी होती।
तुम्हें बताना आसान नहीं होगा,
इन मोहब्बत के बारे में ।
काश तुम ही समझ जाओ ,
इन लिखे हुए अल्फाजों से।

****

117.

(क्या लिखु आपके बारे में)

क्या लिखु आपके बारे में।

आपके लिए तो तारीफ भी कम पर जाए।।

आप तो वो हुर हो।

जिसे देख कर चाँद भी शर्मा जाए।।

क्या लिखु आपके बारे में।

आपके लिए तो तारीफ भी कम पर जाए।।

कुदरत का करिश्मा हैं आप।

सातो अजुबा में अनोखा अजुबा है आप।।

क्या बात है आपकी इन अदाओं में।

फूलों से भी नाजुक कलि है आप ।।

क्या कहूँ अपकी तारीफ में ।

आपके लिए तो अल्फाज भी कम पर जाए।।

क्या लिखु आपके बारे में।

आपके लिए तो तारीफ भी कम पर जाए।।

जन्नत की अफ्सरा से भी खुबसुरत हो आप।

वो गुलाब हो तो उसकी खुश्बू हो आप।।

आपकी रंगत का जवाब नही ।

पहली किरण में नवाजा हुआ हीरा हो आप।।

क्या बताऊ आपके बारे में।

आपके लिए तो हर जवाब कम पर जाए ।।

क्या लिखु आपके बारे में।

आपके लिए तो तारीफ भी कम पर जाए।।

****

118.

(अच्छा है खुदा तुम धरती पर नहीं हो)

कितने अजीब लोग हैं इस धरती के,

नुस्क निकालने में आगे हैं सबके।

खुद का चेहरा तो नकाबों से ढके हैं।।

हमें चले हैं आईना दिखाने।

कितने अजीब लोग हैं इस धरती के,

नुस्क निकालने में आगे हैं सबके।

इज्जत किसे कहते हैं इन्हें मालूम नहीं।।

और चले हैं इज्जत की पाठ पढ़ाने।

अपने घर की बहू-बेटी है फूल कुमारी,

और दूसरों की दुलारी पर डेरा डाले।।

कितने अजीब लोग हैं इस धरती के ,

नुस्क निकालने में आगे हैं सबके।

वाह रे खुदा,क्या लोग हैं इस धरती के,

क्या-क्या इन के गुण बताऊ।

खुद करे तो पुण्य, हम करे तो पाप।।

खुद पिए तो अमृत हम पिए तो शराब।

समझ नहीं आता कितने गंदे विचार हैं इनके।।

कितने अजीब लोग हैं इस धरती के ,

नुस्क निकालने में आगे हैं सबके।

अंधे निकालते हैं नुस्क हम पे,

बहरे कहते हैं हमें सुनाई नहीं देता,

लंगड़े कहते हैं चलना नहीं आता,

गूंगे कहते हैं इसके आवाज है विष के प्याले।

कितने अजीब लोग हैं इस धरती के ,
नुस्क निकालने में आगे हैं सबके।।
अच्छा है खुदा तुम धरती पर नहीं हो।
यहां पापियों के बसेरे हो गए ।।
गलती कर दी आपने भगवान,लड़की जात बनाकर।
यहां इंसान नहीं दरिंदे पलते हैं।।
नोच खाते हैं मां-बहनों की इज्जत,
फिर भी देखो तो घिनौने पाप करके,
भी खुद को सर्वश्रेष्ठ कहते हैं।
कितने अजीब लोग हैं इस धरती के ,
नुस्क निकालने में आगे हैं सबके।।
****

119.
(हर कोई अकेला ही आया)

कौन अपना और कौन पराया
यहां हर कोई अकेला ही आया
कहते फिरते क्यों हो सबसे
ना कोई ठुकराया न ही कोई अपनाया
समझो जो भी है यहां सब है मोह माया
कौन अपना और कौन पराया
यहां हर कोई अकेला ही आया
फिक्र नहीं करते हैं बेफिक्र हैं सब मुझसे
साथ होकर भी अकेला है सबसे
ये अजीब अजीब क्यों वाक्य बनाता
क्यो तु मेरा-तेरा का भेद-भाव अपनाया
कौन अपना और कौन पराया
यहां हर कोई अकेला ही आया
सपने इतने की सजाना मुश्किल
शौक भी कम नहीं तेरे
उम्मीद है छू लेगा आसमां
फिर क्यों बढ़ रहे दिलों में घमंड इतने
ईर्ष्या जागती है देख किसी को
ये कैसा नजर तूने पाया
कौन अपना और कौन पराया
यहां हर कोई अकेला ही आया
मिट्टी के कठपुतली हैं हम सब
फिर क्यों इस बात को भुलाया

जीना मरना खुद के बस में नहीं
इसके डोर तो खुदा के हाथों में समाया
नचा रहे हैं हम सब को
मनोबल खुद वो अपना बढ़ाने को
यही सत्य है कौन इसे झूठलाया
कौन अपना और कौन पराया
यहां हर कोई अकेला ही आया
****

120.
(चाह कर भी उसे)

कितनी मोहब्बत है उसे बता नहीं पाऊगी
चाह कर भी उसे भुला नहीं पाऊगी
जा रहा है वो मुझे छोड़ कर तो जाने दो
दिल से अपने उसे जाने नहीं दूंगी
चाह कर भी उसे भूल नहीं पाऊगी
है उसकी मोहब्बत कोई और तो कोई बात नहीं
अपनी मोहब्बत नहीं मिटाऊंगी
चाह कर भी उसे भूल नहीं पाऊंगी
दोस्ती किया है उसने मुझसे
ये वादा हमेशा निभाऊंगी
इंतजार है उसको किसी और का
अपनी मोहब्बत का इंतजार नहीं छोड़ूंगी
चाह कर भी उसे भुला नहीं पाऊंगी
माना कि उसके दिल में मेरे लिए
प्यार का एहसास नहीं
मैं अपनी चाहत का एहसास
महसूस करके उम्र भर जी लूंगी
चाह कर भी उसे भुला नहीं पाऊंगी

****

121.

(तुझे रिश्ता तोड़ना अच्छा लगा)

तुझे रिश्ता तोड़ना अच्छा लगा,चली गई तोड़ के।
आज भी मेरी आंखें भर जाती,तुम्हें याद करके।

यूं तो हमारा रिश्ता खून का नहीं था मगर
तेरी ये दोस्ती थी मेरी जिंदगी से भी बढ़ के।
तुझे रिश्ता तोड़ना अच्छा लगा,चली गई तोड़ के।

सोचे नहीं कभी मिलकर यूं बिछड़ जाएंगे,
बचपन की डोर पल भर में टूट जाएंगे।
यूं तो हम दोनों वादे हजार किए थे मगर
तेरे साथ छूटने से अकेले हम क्या कर पाएंगे।
तुझे रिश्ता तोड़ना अच्छा लगा ,चली गई तोड़ के।

यकीन नहीं होता था फिर कभी,
किसी राह पर मिलेंगे।
आज मुलाकात होते हुए भी,
एक दूजे को आवाज नहीं दिए थे।
बड़ी बेरहम हो गई ये हमारी दोस्ती,
यूं तो कभी घमंड हुआ करती थी,
मगर आज टूट गई हर घमंड दोस्ती के।
तुझे रिश्ता तोड़ना अच्छा लगा, चली गई तोड़ के।

मोहब्बत से तो वाकिफ थे,
अब डर लगता है दोस्ती से।
तू भी मोहब्बत चुन बैठी दोस्ती छोड़ के,
अब हार गई हमारी दोस्ती मोहब्बत के आगे।
यूं तो जान भी हाजिर थी मेरी,तुम्हारी कदमों में।
मगर तूने भी औकात पूछ ली हमारी दोस्ती के
तुझे रिश्ता तोड़ना अच्छा लगा,
चली गई तोड़ के।
****

122.

(याद है मुझे उसका मिलना)

उसका मिलना मिलकर बिछड़ना याद है मुझे।
मुझे हंसाना फिर यूं रुलाना याद है मुझे।।
अजीब अजीब हरकत करना ।
मेरे पीछे हर पल घूमना याद है मुझे।।
उसका मिलना मिलकर बिछड़ना याद है मुझे।
चोरी चोरी मुझे देखना, यू देख नजरे चुराना।।
आवाज दे कर मुझे, फिर यूं कहीं छुप जाना,
याद है मुझे।
उसका मिलना मिलकर बिछड़ना याद है मुझे।।
चलते-चलते राहों में धीरे-धीरे मुड़कर देखना।
जान कर भी मुझे,अनजान बन जाना याद है मुझे।।
उसका मिलना मिलकर बिछड़ना याद है मुझे।
फिक्र बेहद करना फिर यूं बेफिक्र होकर ,
साथ छोड़ जाना।।
अपना कहना फिर अचानक पराया कर देना,
याद है मुझे।
उसका मिलना मिलकर बिछड़ना याद है मुझे।।
****

123.
(अजीब हो)

अजीब हो-सबको जीना सिखा के,
खुद जीना भूल गए।
इतने भी तो कायर नहीं थे,
फिर क्यों इस जिंदगी से हार गए।
काश एक नोटिस दे जाते तो,
यूं ना सवाल उठते तुम पे।
क्यु खामोश होकर हर बात दबा गए।
अजीब हो-सबको जीना सिखा के,
खुद जीना भूल गए।
माना होगी हजार मजबूरी तुम्हारे पास,
मगर यू ना हार मानते तुम।
ऐसी भी क्या हालात थी तुम्हारे पास,
जो बूढ़े बाप को इतना रुला गए।
फूट-फूट कर रो रही थी,
तेरी बहनें आखरी विदाई पर।
क्यु जाते-जाते अपनी बचपन भूल गए।
अजीब हो-सबको जीना सिखा के,
खुद जीना भूल गए।
सगे संबंधियों के भी मन में,
बार-बार यही सवाल था,
क्यु इतनी बड़ी गलती कर गए।
आखिर क्या थी तेरी ख्वाहिशे,
जो बिन बताए चले गए।

चारों तरफ उलझ चुके थे सब,
हजार सवालों के उलझन में।
हँसता खिलखिलाता हुआ जमीन का सितारा,
क्यों जा पहुँचा गगन में।
कैसे कहूं तुम्हें अलविदा , शांति मिले।
सबको अपना कहने वाले क्यों अलविदा हो गए।
इतना तो बेरहम नहीं थे,
क्यों इतना आंसू दे गए।
अजीब हो-सबको जीना सिखा के,
खुद जीना भूल गए।
****

124.

काश ये झूठ होता,तू बेकुसूर होता।।

क्यु तुझे कातिल कह रहे हैं सब।

काश तू कातिलों में शामिल ना होता।।

तूने किसी की दुनिया बर्बाद कर दी।

क्यु तू उसके सपने का गला घोटा।।

काश तु ऐसा ना होता।

काश ये झूठ होता,तू बेकुसूर होता।।

तेरी कला की दिवानी थी मैं।

तेरे सूरत देखने को तरसती थी मैं।।

काश तू इतना पत्थर दिल ना होता।

क्या बिगाड़ा था उस मासूम दिल ने तेरा।।

काश तू उसका कातिल ना होता।

काश ये बात सच ना होता।।

काश ये झूठ होता,तू बेकुसूर होता।

इतनी ही घमंड था तेरे अंदर तो,अपने दिल में रखता।।

यूं ना किसी के जिंदगी से खेलता।

तेरी सारी कला उसके सामने फीकी पड़ गई।।

वो कहाँ और तू कहाँ।

उसके सामने तू सबकी नजरों से गिर गया।।

अब चाहत नहीं मुझे तुझे अपना हीरो कहने की।

वो मर के भी दिलों में सबके राज कर गया।।

तू हीरो नहीं तू कातिल बन गया।
काश तू ये काम ना करता ।।
काश ये झूठ होता,तू बेकुसूर होता।।।।।
****

125.

याद भी आए तो क्या करें।

कहां जाएं , कहां आपसे मिले।।

आंखों से दूर हो गए...।

पर दिल से दूर नहीं गए....।।

काश कि आप को रोक पाती तो,

पापा कसम से आपको ,

कभी जाने नहीं देती।

अब लफ्जे आपको पुकारे तो क्या करें।।

याद भी आए तो क्या करें।

****

126.

बहुत याद आती है आपकी
पर कैसे जताएँ
मां की भी आंसू छलक जाती है
उसे कैसे संभाले
दर्द भी बयां नहीं हो पाती
सिश्कती है लफ्जे कुछ कहने से
आप ही बता दो पापा
अब पापा किसे बुलाएँ
बहुत याद आती है आपकी
पर कैसे जताएँ

****

127.
(अच्छा सुनो ना)

अच्छा सुनो ना, जा रहे हो तो,
मुझे याद तो करोगे ना।
कभी किसी राह पर मिले तो,
आवाज तो दोगे ना।
अच्छा सुनो ना भुला तो नहीं दोगे मुझे,
आने का वादा तो आज करो ना।
अच्छा सुनो ना, जा रहे हो तो,
मुझे याद तो करोगे ना।
तुम्हारे लिए मैं इंतजार करूंगी
सुबह शाम रहे तख्ती रहूंगी
अच्छा सुनो ना तुम आओगे ना
कहीं टूट ना जाए मेरी आस
विश्वास तो दिलाओगे ना
अच्छा सुनो ना, जा रहे हो तो ,
मुझे याद तो करोगे ना
तुम बिन मेरा जीना मुश्किल हो जाएगा
तुम कैसे रहोगे इतने दिन , बताओ ना।
जैसे मेरा हाल होगा
वैसे ही तुम्हारा होगा बोलो ना
अच्छा सुनो ना कहीं मेरी जगह
किसी और को दे तो नहीं दोगे ना

अपनी खामोशी से यूं ना डराओ ना
कुछ तो कहो ना
अच्छा सुनो ना ,जा रहे हो तो ,
मुझे याद तो करोगे ना
****

128.

तुम्हारा पहली नजर में देखना,आज भी याद है

वो छुप-छुप के निहारना ,आज भी याद है

जब भी तुम नजरें उठाकर , मुझे देखते

और मेरे देखते ही तुम्हारा, नजरे झुकाना

आज भी याद है

तुम्हारा पहली नजर में देखना , आज भी याद है

मेरी एक आवाज सुनने को , तुम्हारा

बेकरार हो जाना आज भी याद है

अपने दोस्तों से मेरे बारे में जानना ,

आज भी याद है

जरा सा मेरा, तुम्हें देख कर मुस्कुराना और

तुम्हें पूरी रात, नींद ना आना आज भी याद है

तुम्हारा पहली नजर में देखना ,आज भी याद है

मुझसे कोई कुछ बोल दे तो, तुम्हें गुस्से में आना

आज भी याद है

अचानक से सामने आकर दिल-ए-हाल सुनाना आज

भी याद है

मेरा एक जवाब कहना ,तुम फिक्र ना करो

तुम्हारे साथ हूं मैं

ये बातों पर तुम्हारा मोहब्बत ब्यान करना

आज भी याद है

तुम्हारा पहली नजर में देखना आज भी याद है

वो छुप-छुप के निहारना आज भी याद है

****

129.
(प्यार का एहसास)

मुझे अपनी जान बना लों
अपना एहसास बना लों
मुझे अपनी अल्फाज बना लों
अपने दिल की आवाज बना लों
नही जी सकती तेरे बगैर
मुझे अपनी जिन्दगी बना लों
तुम मुझे वो सुबह बना लों
वो अपनी शाम बना लों
जो तुम्हें ख्वाबों में हँसाये
वो अपनी रात बना लों
नही रहना तुम बिन अब
अपनी रूह मुझे बना लों
हो सके तो बसा लो आँखों में
दिल की धड़कन बना लों
ये दुनिया बहुत बेरहम है
मुझे खुद में छुपा लों
अपनी मोहब्बत बना लों
और कुछ नही माँगती मैं तुमसे
बस तुम अपना प्यार मुझे बना लों
****

130.
(जरूरी काम है मगर बता नहीं पाती)

जरूरी काम है मगर,

बता नहीं पाती हूँ।

देखो ना तेरी बाहों में आकर,

खुद को भूल जाती हूं।

कुछ सवाल है मेरे मगर,

पूछ नहीं पाती हूँ।

देखो ना तेरी नजरों के सामने ,

खुद सवाल बन जाती हूँ।

ना जाने क्यों लव लड़खराने लगती है,

तुझे देखते ही कदम डगमगाने लगती है।

चाहत होती तेरे नजदीक जाने की,

मगर जब करीब जाती सांसे थम जाती है।

बार-बार दिल को थाम लेती हूं,

क्यों अपने अल्फाज तुमसे नही कह पाती हूं।

समझ जाओ मेरी खामोशी ,

मैं तुम्हें कितना चाहती हूं।

क्या बताना जरूरी है ,

मैं प्यार के बारे में थोड़ा कम जानती हूं।

जरूरी काम है मगर,

बता नहीं पाती हूँ,

देखो ना तेरी बाहों में आकर,

खुद को भूल जाती हूं।

****

131.
(लालच , झूठे)

लालच, झूठे,फरेवी से यह दुनिया चलती है।

अच्छा है आईना,इन सब का साथ नहीं देती है।।

लाख कोशिश कर लो,यहां अपने नहीं मिलते।

अच्छा है, ये चेहरे नकाबों से ढकी होती हैं।।

लालच,झूठे,फरेवी से यह दुनिया चलती है।

अच्छा है आईना,इन सब का साथ नहीं देती है।।

खुद का साथी खुद बनो,

यहां सहारा कोई नहीं देता है।

गिरकर संभालना सीखो,

यहां अपनों के लिए गड्ढा खोदा जाता है।।

सपने हो या हकीकत,

किसी को किसी से वास्ता नहीं।

अच्छा है यहां ,अपनी पहचान खुद करनी पड़ती है।।

लालच,झूठे,फरेवी से यह दुनिया चलती है।

अच्छा है आईना,इन सब का साथ नहीं देती है।।

वक्त रहते जिंदगी जीना सीख लो,

यह वक्त भी अपनी नहीं है।

कब कहां और कैसे जिंदगी थम जाए,

इस सवाल का जवाब देना मुश्किल है।।

हर सवाल का जवाब यहां नहीं मिलती,

ढूंढ लो हजारों किताबों में,

जिंदगी एक पहेली है,जो कभी नहीं सुलझती है।

लालच,झूठे,फरेवी से यह दुनिया चलती है।।

अच्छा है आईना ,इन सब का साथ नहीं देती है।।।

****

132.
(तुझे अपना बनाना चाहता हूँ)

तुझे अपना बनाना चाहता हूँ
हर खुशी जिंदगी की तुझे देना चाहता हूँ
देख दूर ना जाना मुझसे
तुझे अपनी जिंदगी समझता हूँ
तुझे अपना बनाना चाहता हूँ
बड़ी हिम्मत से तुझे हर बात बोल पाया
आज तुझे दिल ए हाल सुना पाया
हर वक्त डरता था तुझे कुछ कहने से
ना जाने क्यों आज हर सवाल का
जवाब तुझे बनाना चाहता हूँ
तुझे अपना बनाना चाहता हूँ
सुनो ना मेरी बात को मजाक मत समझना
माँगा है तेरा साथ ठुकरा मत देना
कैसे तुझ बिन जी पाऊँगा
तेरे बिना एक पल नहीं जीना चाहती हूँ
तुझे अपना बनाना चाहता हूँ
****

133.

मुझे जगा कर रातों में,
वो खुद सो जाया करती है।
तरस जाता हूं बिना बात किए,
वो मोबाइल ऑफ कर देती है।
सोचता हूं उसे फिक्र नहीं हमारी,
फिर भी ना जाने कैसे,
दिल-ए-हाल जान जाया करती है।
मुझे जगा कर रातों में,
वो खुद सो जाया करती है।
दिल करता है पूछ लूँ उससे,
हर सवाल-ए-जवाब।
मगर बेफिक्र की तरह वो,
अपना ही सवाल कर लेती है।
मोहब्बत तो बेहद ही करती है,
मगर उसकी ये चाहत समझ नहीं आती है।
मुझे जगा कर रातों में,
वो खुद सो जाया करती है।
थोड़ी अजीब है वो, सबसे अलग है वो
हर रिश्ते निभाती है मगर
फिर भी हर रिश्ते से अनजान है वो
शायद उसे कदर नहीं हमारी
फिर भी मुझे खास कहती है
मुझे जगा कर रातों में,
वो खुद सो जाया करती है।।

हजार मैसेज कर दो मगर
बिना पढ़े ही डिलीट कर देती है।
हाय रे उसकी अदा सब कुछ जान कर भी,
हजार शक पाल लेती है।
जरा सा कुछ बोलो तो रूठ जाती।
फिर खुद मानकर sorry sorry ,
का मैसेज रिप्लाई करती है।
मुझे जगा कर रातों में,
वो खुद सो जाया करती है।
****

134.

समझ नहीं आता इस दुनिया में

अपने हजार होते हुए भी

खा-मा-खा बैठे हैं उदास होकर

कोई नहीं हाल चाल पूछने वाला

सब अपने में ही व्यस्त है झूठी खुशी लेकर

समझ नहीं आता इस दुनिया में

शान शौकत बहुत है मगर फिर भी

किसी चीज की कमी खाई जाती है इनको

कोई तकलीफ नहीं होठों पे मगर

फिर भी हंसी की झलक नहीं आंखों में

समझ नहीं आता इस दुनिया में

कितने अजीब हैं इनके सोच

साथ चलने वाले हजार हैं

मगर जीना चाहते अकेले होकर

समझ नहीं आता इस दुनिया में

बड़ी स्वार्थी हैं ये दुनिया वाले

वक्त पे अपना कहते देर नहीं करते

मगर साथ मांगने जाओ तो

पहचान कर भी अनजान बन जाते

समझ नहीं आता इस दुनिया में
प्यार जैसी कोई चीज नहीं मगर
फिर भी खेल रहे दिल में हो कर
समझ नहीं आता इस दुनिया में
अपने हजार होते हुए भी
खा-मा-खा बैठे हैं उदास होकर

****

135.

(कौन तन्हाई में मुस्कुराता है)

एक तेरा ही ख्याल है मेरे पास में,
वरना कौन तन्हाई में मुस्कुराता है।
एक तेरा ही आवाज है मेरे दिल में,
वरना कौन बेवजह खुद से बातें करता है।
माना तुम नहीं मेरे आस-पास,
मगर महसूस हर पल तुम्हारा ही होता मेरे सांसो
में,
वरना ये साँसे भला क्यु तुम्हें छूना चाहता है।
एक तेरा ही ख्याल है मेरे पास में,
वरना कौन तन्हाई में मुस्कुराता है।
एक तेरा ही चेहरा है मेरी आंखों में,
वरना कौन इस दुनिया में मेरा अपना है।
तुम्हें यकीन नहीं मेरे प्यार पे,
और मुझे भी शौख नहीं तुम्हें बताने में,
मगर मेरी यादों में सिर्फ तुम हो,
वरना क्यु ये आंसू आंखों को छोड़ जाता है।
एक तेरा ही ख्याल है मेरे पास में,
वरना कौन तन्हाई में मुस्कुराता है।

****

136.
(क्या सुनाऊँ)

क्या सुनाऊं,अब कुछ सुनाने को
अल्फाज नहीं मिलता।
हजारों शेर मेरे कागजों के,
कब्रों में दफन हो गया।
और तुम कहते कुछ तो,
होगा सुनाने के लिए।
तुम्हें क्या लगता, नशा सिर्फ शराब में है।
हुजूर एक बार तो दर्द से सामना कर लो,
सारे बोतलों की नशा उतर जाएगी।
क्या जानना चाहते हो मेरे बारे में,
मैं तो खुली किताब हूं ।
मगर फिर भी पढ़कर अनजान है सब मुझसे।
क्या सुनाऊं,अब कुछ सुनाने को
अल्फाज नहीं मिलता।
हजारों सपने मेरे बिखर गए,
इन खुले हथेलियों से,
और तुम कहते कुछ तो ,
बचा होगा देखने के लिए।
क्या सुनाऊं,अब कुछ सुनाने को
अल्फाज नहीं मिलता।

हजारों शेर मेरे कागजों के,
कब्रों में दफन हो गया।

****

137.

(यकीन नहीं होता था)

यकीन नहीं होता था,

इंसान के रूप में भी जानवर होता है।

मगर आज पहचान हो गई,

हर एक के चेहरे पे नकाब थे,

आज सारे चेहरे बेनकाब हो गई।

इंसान के नाम पे ये खूंखार जानवर है,

देखने में तो मासूम,

मगर असल में ये राक्षस है।

यकीन नहीं होता था,

इंसान के रूप में भी जानवर होता है।

कितने मासूमों को इसने गुमराह किया,

कितनों का जिंदगी इसने बर्बाद किया,

अजीब है इनके भूख,

कितनों को इसने सरेआम बदनाम किया।

आखिर कब तक इन जालिमों का राज होगा,

समझ नहीं आता है,यकीन नहीं होता था,

इंसान के रूप में भी जानवर होता है।

इनकी हकीकत कोई नहीं जान पाता है,

आवाज उठाओ तो हर आवाज,

गले तक ही रह जाता है।

इन्हें अपने आप पर घमंड है,

बातों का इन पर प्रभाव नहीं पड़ता है।

इनके पाप बेहिसाब हो गए हैं,

क्यों कोई इसे रोक नहीं पाता है।
यकीन नहीं होता था,
इंसान के रूप में भी जानवर होता है।

****

138.

(ये इत्तेफाक था)

उनका पहली नजर में देखना और मेरा,

दिल घायल हो जाना,ये इत्तेफाक था।

मेरा हंसना और उनको देखते ही,

नजरें झुकाना, ये इत्तेफाक था।

न जाने क्यों ख्वाबों में उनका ,

आना-जाना हर रोज हो गया।

घबरा गई मैं जब आईना में,

उनका चेहरा देख लिया।

मेरा घबराना और उनका

खो जाना, ये इत्तेफाक था।

उनका पहली नजर में देखना और मेरा,

दिल घायल हो जाना,ये इत्तेफाक था।

यकीन नहीं हो रहा था,मुझे कुछ तो हुआ था।

उनको ना देखूं तो,हर वक्त राहे नैना तकता था।

तरपती थी मिलने को मगर

कहते कहते लव लड़खड़ा जाता था।

मेरा खामोश होना उनको मेरी चाहत का

एहसास होना, ये इत्तेफाक था

उनका पहली नजर में देखना और मेरा,

दिल घायल हो जाना,ये इत्तेफाक था।

****

139.

(कभी ना कभी)

कभी ना कभी आपकी खलल,
महसूस हो ही जाती है।
क्या करें आपकी याद आ ही जाती है।
क्यूँ चले गए छोड़कर हमें तन्हा,
कैसे चुप रहे कभी ना कभी ,
ये पलके भींग ही जाती है।
कभी ना कभी आपकी खलल,
महसूस हो ही जाती है।
वो पल जो बिताए थे खुशियों के साथ,
वो यादें आज रुला ही जाती है।
कहां खो गए, खेल खेल में वो आंखें,
आज भी दिदार को तरस जाती है।
कैसे खामोश हो जाऊं,
ये लफ्जे सिसकने लगती है।
कभी ना कभी आपकी खलल,
महसूस हो ही जाती है।
बचपन का वो खिलौना भी,
चीखती चिल्लाती है।
कितनी बेरहम हो गई है ये वक्त,
क्यों यादों से तड़पाती है।
भुलाए ना भूल पाऊं,
हर वक्त एक आवाज सी गुँजती है।

कैसे आपको भुलाऊं ,मेरी आवाज
आप तक नहीं पहुंचती है।
कभी ना कभी आपकी खलल,
महसूस हो ही जाती है।
क्या करें आपकी याद आ ही जाती है।
****

140.

(आवाज मेरी)

किसे सुनाऊं दिल ए हाल अपनी।
कोई नहीं सुनता आवाज मेरी।।
दर्द हजार है जिस्मों में मेरी।
कौन सा दवा लगाऊ ,नहीं भरता जख्म मेरी।।
किसे सुनाऊं दिल ए हाल अपनी।
कोई नहीं सुनता आवाज मेरी।।
कहने को अल्फाज बहुत है।
सुनाने को जज्बात बहुत है।।
नहीं समझता कोई हालात मेरी।
फुर्सत नहीं सुनने सुनाने को।।
कहा वक्त मिलता अपनों को कभी।
किसे सुनाऊं दिल ए हाल अपनी।।
कोई नहीं सुनता आवाज मेरी।
थक गई चुपके चुपके आंसू बहाते बहाते।।
अब और नहीं सह सकती चोट इतनी।
क्या बयां करू अपने लफ्जों से।।
शुरूआत भी वही है अंत भी वही है।
क्यों नहीं पढ़ सकती 'जिंदगी' की किताब अपनी।।
किसे सुनाऊं दिल ए हाल अपनी।
कोई नहीं सुनता आवाज मेरी।।
****

141.

(नशे)

नशे को अपना साथी बना कर

तुम अपनो को ही छोड़ गये

जितनी मोहब्बत नशे को करते हो

तुम उतनी नफरत अपनो के दिल में गये

नशे को अपना साथी बना कर

तुम अपनो को ही छोड़ गये

क्या मिला इस नशे को अपना कह कर

तुम इंसान से हैवान बन गये

अपनी पहचान को मिटा दिए

और शराबी बन गये

नशे को अपना साथी बना कर

तुम अपनो को ही छोड़ गये

कह रहें ये चिल्ला चिल्ला कर गलियों में

अपनो ने ही धोखा दिया हैं

अच्छा तो तुमने भी कहाँ वफा क्या है

सरे आम नशे में अपनी गलती अपनो पे निकालते

थे

तुमने भी कहाँ अपनो को अपना समझा है

जिसे तुमने अपनाया है उसने भी तुम्हें ठुकराया है

टुट कर तो बिखड़ गये

नशे को अपना साथी बना कर

तुम अपनो को ही छोड़ गये

****

142.

कोशिश कर हल निकलेगा।
आज नहीं तो कल मिलेगा।।
डर मत इन राहों पे चलने से ।
कोशिश कर नहीं गिरेगा।।
आज नहीं तो कल संभल जाएगा ।
कोशिश कर हल निकलेगा ।।
माना थोड़ी कमजोरी है ।
मगर हिम्मत भी बहुत होगा।।
देखे हैं अगर सपने ,
तो सोच भी बुलंद होगा ।
नासमझ है तो समझ जाएगा ।।
आज नहीं तो कल दुनिया के,
तौर तरीके सीख जाएगा ।
कोशिश कर हल निकलेगा ।।
आज नहीं तो कल मिलेगा ।
अपना और पराया में इतना मत उलझ।।
निकलना मुश्किल हो पाएगा।
खुशियों और गमों की परवाह मत कर ।।
वरना खुद में सिमट कर रह जाएगा।
क्या ढूंढ रहे हो इधर उधर ।।
कदम बढ़ा वरना वक़्त निकल जाएगा ।
कोशिश कर हल निकलेगा ।।
आज नहीं तो कल मिलेगा।।।

****

143.

बातों ही बातों में दिल की बात जान गए।
वो दिन भी कितने खुशनसीब हो गए।।
जिस दिन हम दो एक हो गए।
खामोशी में गुनगुनाते गुनगुनाते ,हर राज खुल
गए।।
वो वक्त भी कितने अपने हो गए।
जिस पल हम ,दो लफ्जों से टकरा गए।।
बातों ही बातों में दिल की बात जान गए।
थोड़ी-थोड़ी दीवानगी थोड़े उस,
एहसास का नशा छा गया ।।
जब पलके उठा कर दीदार किए,
हम दो घायल हो गए।।
वह नशा भी कितना मीठा था,
जिस नशे में डूब गए ।
बातों ही बातों में दिल की बात जान गए।।
सपने थे या हकीकत मालूम नहीं था,
पहली ही मुलाकात में हम तो खो गए।
यह मोहब्बत की बाजार थी,
जिसमें हम तो खोने पर भी रिश्ते में बंध गए ।।
वो दिन भी कितने खुशनसीब हो गए।
जिस दिन हम दो एक हो गए।।
****

144.

क्यूँ इतना तड़पाते हो।
क्या तड़पाने का दर्द भी जानते हो।।
क्यूँ इतना याद आते हो।
यादों की तरप को पहचानते हो।।
क्यूँ इतना तड़पाते हो।
माना तुम्हैं मेरी परवाह नहीं।।
फिर क्यूँ ख्वाबों में आते जाते हो।
जानती हूं मैं, तुम मुझे प्यार नहीं करते।।
फिर क्यूँ अपनी एहसास दिलाते हो।
क्यूँ इतना तड़पाते हो।।
क्या तड़पाने का दर्द भी जानते हो।
कहीं इतनी सालों में प्यार,तो नहीं हो गया मुझसे।।
कहीं जुदाई में गम तो,नहीं हो गया खोने का।
क्यूँ बार-बार मेरे ख्यालों में होते हो।।
भुलाना चाहती हूं, क्यूँ दिल से दूर नहीं होते हो।
क्यूँ इतना तड़पाते हो।
क्या तड़पाने का दर्द भी जानते हो।।

****

145.

वो कहें:- प्यार है क्या मुझसे।
मैं कही:- ये प्यार कैसे होता है।।
वो कहें:- आंखों में देखो कुछ एहसास होता है तुम्हें।
मैं कही:- ये एहसास क्या होता है।।
फिर वह धीरे से हाथों को थामते हुए कहे।
कुछ महसूस हुआ दिल को
मैं कही:- धड़क रहा धड़कन जोर से
वो कहें:- ऐसा पहले हुआ कभी किसी से
मैं कही:-आज तक कोई मिला नहीं आपके जैसा
वो कहें:- यही प्यार है यही एहसास है
जो तुम्हें मुझसे और मुझे तुमसे हुआ है
पहली ही नजर

****

146.

कई जीत बाकी है,कई हार बाकी है।

अभी खेले कहां जिंदगी के खेल,

ऐसे वैसे खेल अभी बहुत बाकी है।

कहीं चोट लेनी है,कई जख्म सहनी है।

अभी खाए कहां दर्द जिंदगी में,

ऐसे वैसे मलहम हर दिन लगानी है।

कई जीत बाकी है,कई हार बाकी है।

अभी खेले कहां जिंदगी के खेल,

ऐसे वैसे खेल अभी बहुत बाकी है।

माना खुशियां कम और गम ही गम भरी है।

कहने को बहुत है फिर भी लफ़्ज़ खामोश पड़ी है।

कई राह पार करनी है कई दूर निकलनी है।

अभी कहां मिली है मंजिल मुझे,

ऐसे वैसे सफर अकेले ही तय करनी है।

कई जीत बाकी है,कई हार बाकी है।

अभी खेले कहां जिंदगी के खेल,

ऐसे वैसे खेल अभी बहुत बाकी है।

****

147.

खून क्यो सफेद हो गया ।

अपना हर रिश्ता क्यो भेद-भाव मे बदल गया ।

बट गए हर लौग अपने आप से ।

क्यो इतना स्वभाव मे अंतर आ गया ।

न जाने अब क्या होगा ,

किस्मत खून को कैसे - कैसे रंगो मे बदलेगा ।

क्यो सब अपनी ही छाया से डर गया ।

आग के झोके से बच के खुद अपने -अपने मे जल गया ।

ये कैसी तुफान है ,जो ये खून के रंग को बदल गया।

खून क्यो सफेद हो गया ।।।

खत्म हो गये यहाँ सबको विश्वास सबसे

चुर हो गये सपने सबके

क्यो ऐसा सफर आ गया

कदम मिलाकर चलना मुश्किल हो गया

खून क्यो सफेद हो गया ।।।।।।

****

148.

मुझे जगा कर रातों में,
वो खुद सो जाया करती है।
तरस जाता हूं बिना बात किए,
वो मोबाइल ऑफ कर देती है।
सोचता हूं उसे फिक्र नहीं हमारी,
फिर भी ना जाने कैसे,
दिल-ए-हाल जान जाया करती है।
मुझे जगा कर रातों में,
वो खुद सो जाया करती है।
दिल करता है पूछ लूँ उससे,
हर सवाल-ए-जवाब।
मगर बेफिक्र की तरह वो,
अपना ही सवाल कर लेती है।
मोहब्बत तो बेहद ही करती है,
मगर उसकी ये चाहत समझ नहीं आती है।
मुझे जगा कर रातों में,
वो खुद सो जाया करती है।
थोड़ी अजीब है वो, सबसे अलग है वो
हर रिश्ते निभाती है मगर
फिर भी हर रिश्ते से अनजान है वो
शायद उसे कदर नहीं हमारी
फिर भी मुझे खास कहती है
मुझे जगा कर रातों में,
वो खुद सो जाया करती है।।

हजार मैसेज कर दो मगर
बिना पढ़े ही डिलीट कर देती है।
हाय रे उसकी अदा सब कुछ जान कर भी,
हजार शक पाल लेती है।
जरा सा कुछ बोलो तो रूठ जाती।
फिर खुद मानकर sorry sorry ,
का मैसेज रिप्लाई करती है।
मुझे जगा कर रातों में,
वो खुद सो जाया करती है।
****

149.

समझ नहीं आता इस दुनिया में
अपने हजार होते हुए भी
खा-मा-खा बैठे हैं उदास होकर
कोई नहीं हाल चाल पूछने वाला
सब अपने में ही व्यस्त है झूठी खुशी लेकर
समझ नहीं आता इस दुनिया में
शान शौकत बहुत है मगर फिर भी
किसी चीज की कमी खाई जाती है इनको
कोई तकलीफ नहीं होठों पे मगर
फिर भी हंसी की झलक नहीं आंखों में
समझ नहीं आता इस दुनिया में
कितने अजीब हैं इनके सोच
साथ चलने वाले हजार हैं
मगर जीना चाहते अकेले होकर
समझ नहीं आता इस दुनिया में
बड़ी स्वार्थी हैं ये दुनिया वाले
वक्त पे अपना कहते देर नहीं करते
मगर साथ मांगने जाओ तो
पहचान कर भी अनजान बन जाते
समझ नहीं आता इस दुनिया में
प्यार जैसी कोई चीज नहीं मगर
फिर भी खेल रहे दिल में हो कर

समझ नहीं आता इस दुनिया में
अपने हजार होते हुए भी
खा-मा-खा बैठे हैं उदास होकर
****

150.
(6 sep.)

आज का दिन मंगलमय हो।

दुआ है तू खुश रहे,

जहां भी रहे सलामत रहे,

कभी उदासी ना आए तेरे चेहरे पर,

तेरे होठों पे मुस्कान बनी रहे।

दुआ है तू खुश रहे,

छोटी हो या बड़ी मनोकामना तेरी,

रब तेरी हर मुराद पूरी करें।

यह दूरियां जब तक रहेगी,

दुआ है इतनी लंबी तेरी उमर रहे,

दुआ है तू खुश रहे।

सुबह शाम रात दिन हर पल,

तू सूरज के भाती चमकता रहे,

कभी कोई संकट ना आए तेरे पास,

तेरा हर दिन मंगलमय रहे।

दुआ है तू खुश रहे।।

****